2 €

FICHES et TESTS de grammaire

ANGLAIS

AVEC CORRIGÉS

Claude Rivière

Édition coordonnée
par Sylvie Persec

ÉDITIONS OPHRYS

ISBN : 978-2-7080-1223-3

Éditions Ophrys
25, rue Ginoux 75015 Paris
www.ophrys.fr

Conception graphique et réalisation **Desk**
Couverture **Guillaume Pigelet**

Mode d'emploi

À qui ce livre s'adresse

- Aux étudiant(e)s de tous domaines dont le cursus comporte de l'anglais.
- À tous ceux et celles qui ont à un moment étudié l'anglais et qui désirent rafraîchir, préciser et réorganiser leurs connaissances.

Les bases essentielles de la grammaire et de la prononciation de l'anglais sont décrites avec simplicité.

Comment utiliser ce livre

Le livre est constitué de **fiches regroupées par thèmes**. Chaque fiche est suivie d'**exercices d'entraînement**. À la fin de chaque groupe de fiches, se trouve **un grand test** qui permet d'évaluer le niveau atteint.

- Vous pouvez utiliser les fiches individuellement pour préciser un point qui vous tracasse. Il est intéressant de faire les exercices une première fois avant, puis une deuxième fois après une lecture attentive. **Tous les exercices sont corrigés**.
- Pour mieux prendre conscience de votre niveau, il est recommandé d'étudier tout un thème. Faites le test avant et après, mais ne regardez le score de votre premier essai qu'après avoir étudié le thème et rempli le deuxième essai du test.

Le livre présente aussi **un test de départ général et un test d'arrivée**.

L'**index** contient des mots anglais, des mots français à problème et certains termes grammaticaux courants. Il vous aidera à retrouver ce que vous cherchez.

Sommaire

Section 3 : Le groupe nominal

Section 4 : Prononcer

Test d'entrée

Vérifiez vos réponses à l'aide du corrigé p. 181 et comptabilisez vos points.

1 **Quelle est la bonne traduction de « Qu'est-ce que leur voiture est grande ! » ?**
a. How big their car is!
b. How their car is big!
c. How a big car they have!
d. How big is their car!

2 **Formez un *tag* en fin d'énoncé, pour attirer l'attention de l'interlocuteur.**
Your brother has taken the car, ... ?
a. didn't he?
b. wasn't it?
c. hasn't he?
d. isn't it?

3 **Quelle est la question à laquelle cette phrase est une réponse :**
Jill has kept a piece of cake for TOM.
a. Whom has Jill kept a piece of cake for?
b. For whom has kept Jill a piece of cake?
c. Who has Jill kept a piece of cake for?
d. For who did Jill keep a piece of cake?

4 **Quelle est la phrase correcte ?**
a. Nobody opposed the project.
b. Nobody opposed to the project.
c. Nobody opposed at the project.
d. Nobody was opposed at the project.

5 **Quelle est la phrase correcte ?**
a. Jim paid the lunch.
b. Jim paid us the lunch.
c. Jim paid for the lunch.
d. Jim paid to us.

6 **Quelle est la phrase correcte ?**
a. Explain John the problem.
b. Explain to John the problem.
c. Explain the problem to John.
d. Tell John the problem.

7 **Quelle est la phrase correcte ?**
a. Remember to buy some orange juice.
b. Remember buying some orange juice.
c. Remember of buying some orange juice.
d. Remind to buy some orange juice.

8 **Quelle est la phrase correcte ?**

a. I would like the boss to stop complaining.
b. I would like the boss stopping complaining.
c. I would like that the boss stops complaining.
d. I would like the boss to stop to complain.

9 **Quelle est la phrase correcte ?**

a. Jane told to Jim that she would be late.
b. Jane said to Jim that she would be late.
c. Jane explained Jim that she would be late.
d. Jane said Jim that she would be late.

10 **Quelle est la phrase correcte ?**

a. This idea is seeming funny, don't you think so?
b. Does it rain this morning?
c. The idea seems funny, don't you think so?
d. It is always raining during the holidays.

11 **Quelle est la phrase correcte ?**

a. Ken is reading that book for a week.
b. Ken has read that book last month.
c. Ken has read that book for a week.
d. Ken read that book last month.

12 **Quelle est la phrase correcte ?**

a. When has Napoleon died?
b. Since when has Napoleon been dead?
c. How long has Napoleon died?
d. How long has Napoleon been dead?

13 **Quelle est la phrase correcte ?**

a. Ken worked for three months.
b. Ken worked during three months.
c. Ken has been working during three months.
d. Ken works since the beginning of the month.

14 **Quelle est la phrase correcte ?**

a. I'll call Kathy when I'll have the time.
b. I'll call Kathy when I have the time.
c. I'll call Kathy if I'll have the time.
d. I'd call Kathy if I'd have the time.

15 **Quelle est la phrase qui dit la même chose que *Keith has probably been appointed.***

a. Keith might have been appointed.
b. Keith must have been appointed.
c. Keith might be appointed.
d. Keith must be appointed.

16 **Contredisez la phrase "*Joanna must not leave before she has finished*".**

a. Joanna must leave before she has finished.
b. Joanna may leave before she has finished.
c. Joanna need not leave before she has finished.
d. Joanna may not leave before she has finished.

17 **Contredisez fortement la phrase "*Pamela may have forgotten the appointment*". Partez du contexte : "*You know how reliable Pamela is*".**

a. Pamela may not have forgotten the appointment.
b. Pamela shouldn't have forgotten the appointment.
c. Pamela mustn't have forgotten the appointment.
d. Pamela can't have forgotten the appointment.

18 **Quelle est la phrase correcte ?**

a. President Crawford was born in Colorado.
b. The president Crawford was born in Colorado.
c. President Crawford was born in the Colorado.
d. The president Crawford was born in the Colorado.

19 **Quelle est la phrase correcte ?**

a. The police have arrived at last.
b. Their furniture are quite new.
c. Your jeans is too short.
d. I bought several clothes this afternoon.

20 **Quelle est la phrase correcte ?**

a. Jack is meeting Jill at five and a half.
b. Jack is meeting Jill in Monday evening.
c. Jack is meeting Jill on Monday evening.
d. Jack is meeting Jill on half past five.

Votre score ..../20

Appréciation du score :

de 18 à 20 : Bravo. Vous pouvez quand même parcourir le livre pour y découvrir quelques points méconnus, avant de passer à un niveau supérieur.
de 15 à 17 : C'est bien, mais il y a encore quelques lacunes. Travaillez les fiches concernées.
de 12 à 15 : Pas mal, mais une révision systématique s'impose pour clarifier la situation.
de 8 à 11 : Vous n'êtes pas au niveau, il y a trop d'incertitudes.
au-dessous de 8 : Reprenez tout à la base, lentement et systématiquement

SECTION 1

LA PHRASE

Présentation
Les phrases veulent dire quelque chose

Quand vous formez une phrase, c'est que vous voulez exprimer quelque chose, et vous devenez alors un énonciateur. Le sens des énoncés que vous produisez dépend de leur forme : si la forme n'est pas la bonne, votre énoncé ne représente pas le sens que vous vouliez y mettre. Il se peut même que, dans une langue qui n'est pas la vôtre, l'énoncé n'ait pas de sens du tout, ou bien encore prête à rire, ce qu'il faut éviter à tout prix.

Chaque élément d'un énoncé a son rôle.

Les verbes et les adjectifs représentent des relations (actions ou états) entre des objets ou des personnes. Ces objets ou personnes, représentés par des groupes nominaux (= GN) sont donc des participants à des actions ou états.

> *The cat scratched the dog.* (deux participants à l'action *scratch* = griffer)
>
> *The dog howled.* (un participant à l'action *howl*)
>
> *The cat was pleased.* (un participant à l'état *be pleased*)

Mais l'énonciateur intervient fréquemment pour indiquer son point de vue :

> *The cat looked pleased.* (c'est d'après l'énonciateur que l'état *pleased* s'applique au chat).

L'ordre n'est pas indifférent.

Il permet (entre autres)

- de savoir qui a fait quoi :

  The cat scratched the dog. ≠ *The dog scratched the cat.*

- de mettre en relief certains participants :

  Incredible! The cat was scratched by ***the dog.***

- de distinguer l'affirmation de la question :

  Has the cat scratched the dog?

Dans un énoncé, l'énonciateur peut n'intervenir que de façon minimale, et on peut alors avoir un énoncé minimal, représentant une action (→ Verbe) et un participant (→ un GN) :

> *Cats scratch.* *The dog howled.*
>
> *Our cat sings.* (attention au -s)

Mais si **l'énonciateur marque son point de vue**, il ajoute un ou plusieurs auxiliaires :

> *Kenneth can sing.*
>
> *The rabbit has escaped.*
>
> *The dog was howling.*
>
> *The rabbit may have escaped.* Il se peut que le lapin se soit échappé.
>
> *The dog has been howling.* Le chien a hurlé.

The children should be sleeping. Les enfants devraient dormir.
The dog must have been howling. Le chien a dû hurler.

Dès qu'un énonciateur veut **nier ou interroger**, il laisse une **trace supplémentaire** dans l'énoncé. L'énoncé le plus simple contient alors forcément un auxiliaire : ***do***.

Do cats sing? *Cats do not sing.*

Mais s'il y a déjà un auxiliaire (*be* tout seul compte comme auxiliaire), il n'y a pas besoin d'ajouter *do* :

Has the rabbit escaped? *The rabbit has not escaped.*
Is the dog happy? *The dog is not happy.*
Can the dog sing? *The dog can't sing.*

C'est **toujours le premier auxiliaire** (éventuellement ***do***) qui sert à marquer la question (inversion sujet-auxiliaire) ou la négation (l'auxiliaire porte la négation). D'ailleurs c'est lui aussi qui porte le présent ou le prétérit :

Could the rabbit escape? *The rabbit could not escape.*
Has the dog been howling? *The dog has not been howling.*

Fiche 1

Dans une phrase, il faut de l'ordre

Dans une phrase anglaise, l'ordre des mots est plus strict que dans une phrase française. C'est plus simple, il suffit de se plier constamment à quelques principes.

1 Le sujet

A. L'anglais, ce n'est pas le français, et quand on le parle, on n'a pas la même façon de mettre les mots en relief. Comparez le français et l'anglais :

Moi, je n'aime pas faire la cuisine, mais mon frère, lui, il adore ça.

I don't like cooking, but my brother loves it.

« J'adore le poisson. » ***"I love fish."***

« Et les huîtres, tu aimes ça ? » ***"And do you like oysters?"***

B. Il n'y a pas en anglais de constructions impersonnelles, de sorte que le sujet garde toujours sa position avant le verbe :

Il est venu beaucoup de monde. ***Lots of people came.***

Il faut que j'y aille. ***I must go.***

2 Les auxiliaires

A. Les auxiliaires ont un ordre fixe :

	modalité	***HAVE***	***BE***
He	***must***	***have***	***been surprised***

Il a dû être étonné / Il doit avoir été étonné

Il n'y a qu'un seul auxiliaire de modalité à la fois (voir Fiches 18 à 21).

B. Les auxiliaires de modalité (***CAN***, ***MUST***, etc.) sont suivis de la base verbale (infinitif sans *to*), ne pas les confondre avec d'autres verbes dont le sens peut paraître proche, mais qui ne sont pas des auxiliaires de modalité et qui sont suivis de *to* :

They can swim like fish.

MAIS ***They were able to swim across the river.***

She must wear that dress.

MAIS ***She has to wear that dress.***

C. Tous les verbes de l'anglais sans exception se conjuguent avec l'auxiliaire ***HAVE*** pour former le *present perfect* (et les autres parfaits) :

Ils sont partis. ***They have left.***

Elle s'était dépêchée. ***She had hurried.***

3 Le complément d'objet

Le complément d'objet direct n'est jamais séparé du verbe

– ni par un adverbe

Sue aime beaucoup le chocolat.

Sue likes chocolate a lot.

Sue n'aime pas beaucoup le chocolat.

Sue does not much like chocolate.

– ni par un complément circonstanciel

Nous avons rencontré en Chine des gens absolument charmants.

We met some really delightful people in China.

Ceci est aussi valable pour ***THERE IS*** :

Il y a en Chine des paysages extraordinaires.

There are extraordinary landscapes in China.

– ni par un complément indirect

Le guide a décrit aux touristes le plafond de la Chapelle Royale.

The guide described the ceiling of the King's Chapel to the tourists.

4 Les circonstanciels

A. Les compléments circonstanciels viennent au début ou à la fin :

J'ai acheté en 1990 un stylo qui n'a pas besoin de se recharger.

In 1990, I bought a pen that doesn't have to be refilled.

B. Quand il y a deux circonstanciels (lieu et temps), on a de préférence l'ordre lieu-temps :

J'ai acheté ce stylo le mois dernier à Oxford.

I bought this pen in Oxford last month.

Exercices

A. Traduisez en anglais : attention à l'auxiliaire.

1. Vanessa est partie à Londres. *[go]* 2. Dave et Vanessa ne se sont jamais rencontrés. 3. Tous les invités sont arrivés. 4. Dave est arrivé à l'heure, mais le train était déjà parti. *[leave]* 5. Ils ont dû arriver vers cinq heures. 6. Je suis venu(e) te dire que je partais. *[leave]* 7. Dave est monté au troisième étage et il nous attend. 8. Vanessa s'est absentée *[go out]* pour quelques minutes. 9. Si Dave était parti à l'heure *[leave]*, il serait arrivé maintenant. 10. Mais où est-il passé ? *[go]*

B. Remettez de l'ordre pour former des phrases correctes (gardez le sujet en tête de phrase).

1. Elmer / listens / to old records / often 2. Vanessa / documentary films / very much / likes 3. Elmer / plays / never / the piano 4. Vanessa / an excellent film / saw / last night 5. Elmer / has / in his flat / a collection of several hundred records 6. Vanessa / sometimes / describes / to Elmer / the films she has seen 7. There are / in Vanessa's room / two TV sets and a DVD player 8. Vanessa / has explained / to Elmer / her passion for ancient Egypt 9. Elmer / second-hand records / often / buys 10. Elmer / much / contemporary music / like / doesn't

C. « Il » personnel ou impersonnel ? Traduisez en anglais. [Aide : peut-on remplacer « il » par un nom ?]

1. Il faut que tu rencontres Harvey. 2. Il se peut que Sue passe nous voir ce soir. *[may]* 3. Qu'est-ce qui s'est passé hier ? *[happen]* 4. À cinq heures, il est arrivé plusieurs personnes. 5. Il t'est venu une idée ? *[have* ou *occur]* 6. Il se passe beaucoup de choses dans les petites villes. *[happen]* 7. Mais où est-il passé ? *[go]* 8. Il n'est venu que quelques personnes à cette soirée. 9. Il ne se passe *[happen]* rien quand j'appuie *[press]* sur cette touche *[key]*. 10. Il te faut de nouvelles lunettes. *[need]*

Fiche 2

Affirmer, nier

1 Les formes pour affirmer

Au présent, à la 3e personne du singulier – et seulement dans ce cas – les verbes prennent une terminaison *-s* (voir prononciation Fiche 45) :

I like coffee, she likes tea.

She lived in Oxford, now she lives in Cambridge.

Quand il y a l'auxiliaire ***HAVE*** ou ***BE***, c'est lui qui porte le *-s* :

She has lived in Oxford.

Mais attention, les auxiliaires de modalité (***CAN, MUST***, etc., voir Fiches 18 à 21) restent invariables :

She is rich, she owns a Rolls Royce, and she can drive like a racing driver.

Attention encore : l'expression ***THERE IS*** s'accorde avec le nom qui suit :

There were too many people at the party.

Un verbe régulier anglais a très peu de formes différentes :

work	(infinitif, présent sauf 3e personne du sg, impératif)	
	works	(présent 3e personne du sg seulement)
	worked	(prétérit et participe passé)
	working	(participe présent)

Les verbes irréguliers n'en ont pas beaucoup plus, exemple :

eat	(infinitif, présent sauf 3e personne du sg, impératif)	
	eats	(présent 3e personne seulement du sg)
	ate	(prétérit)
	eaten	(participe passé)
	eating	(participe présent)

Il est facile d'apprendre les verbes irréguliers, voyez la liste, Fiche 38.

Il n'y a que le verbe ***BE*** qui ait un début de conjugaison :

be	(infinitif)	
	présent	**prétérit**
	I am	***I was***
	you are	***you were***
	he/she/it is	***he/she/it was***
	we/you/they are	***we/you/they were***
been	(participe passé)	
being	(participe présent)	

Voyez la prononciation du *-s* de 3e personne et du *-ed* du prétérit, Fiche 45.

2 La négation *NOT*

La négation *NOT* s'attache au premier auxiliaire. Il faut donc bien sûr employer ***DO*** s'il n'y a pas d'autre auxiliaire (et seulement dans ce cas) :

We haven't had dinner yet.

He may not have seen the sign. Il a pu ne pas voir le panneau.

They aren't working.

The meal isn't ready.

They haven't seen the film. [ici *have* est auxiliaire]

I don't like that film. [pas d'autre auxiliaire que *do*]

They don't have a car. [ici *have* n'est pas auxiliaire]

Le verbe ***BE*** est toujours considéré comme auxiliaire :

She is not rich.

La négation ***NEVER*** n'exige pas la présence d'un auxiliaire (donc pas de ***DO***) :

He never sees the signs. Il ne voit jamais les panneaux.

La négation se place devant le *to* de l'infinitif :

We told them not to worry. Nous leur avons dit de ne pas se faire de souci.

Il ne peut y avoir qu'une seule négation par proposition :

Kenneth never spends any money. Kenneth ne dépense jamais aucun argent.

We didn't see any suspicious characters. Nous n'avons pas vu d'individus louches.

Nothing is ever perfect. Rien n'est jamais parfait.

Attention

Les mots ***EVER*** et ***ANY*** ne sont pas négatifs, bien qu'on doive les employer en présence d'une négation (ou aussi dans les questions). Voici un exemple de ***ANY*** sans la négation :

Anybody can shake hands with the president. N'importe qui peut serrer la main du président. (et non pas : personne...)

Voir Fiche 30

Exercice

Remettez les phrases en ordre, mais n'oubliez pas de faire les modifications, ajouts ou suppressions nécessaires. Traduisez aussi chaque phrase obtenue.

1. to nobody / not / say / anything / your sister 2. to nobody / anything / gave / never / my grandfather 3. anybody / knew / the answer 4. could / nobody / find / the answer / not 5. I / see / any good films / not / last month 6. that author / write / never / some good books 7. nobody / never / said / nothing / to your sister 8. in the book / be / the answer / not 9. several hurricanes / in Florida / last year / there is 10. never / rain / in the desert / it

Ordonner, reprendre, mettre en doute

Fiche 3

1 Donner un ordre ou un conseil

Donner un ordre ou un conseil en employant l'impératif est très simple, on emploie la base verbale :

Run. Cours. / Courez.

Mais l'interdiction correspondante impose ***DO*** :

Don't run. Ne cours pas. / Ne courez pas.

C'est aussi le seul cas où ***BE*** s'associe à ***DO*** :

Don't be stupid. Ne sois pas bête.

À la 1re personne du pluriel, on emploie un autre procédé :

Let's run. Courons.

2 Pour reprendre les paroles de quelqu'un

Pour reprendre les paroles de quelqu'un, en anglais, on utilise beaucoup les auxiliaires (associés éventuellement à la négation). Là aussi, on emploie ***DO*** en l'absence d'un autre auxiliaire.

"It's a beautiful film." "No, it isn't, it's boring." Non, il est ennuyeux.

"Ken doesn't like chocolate." "He does." Mais si.

"I hope Ken likes carrots." "No, he doesn't." Non, il ne les aime pas.

"Will you lend me ten pounds?" "Sorry, I won't." Désolé, non.

En utilisant un auxiliaire à la forme interrogative, et selon l'intonation, on peut marquer de l'intérêt, du doute, de l'hostilité, etc.

"I've bought some stamps." "Have you? Fine." Ah, bon ? C'est bien.

"Meet Miss Johnson, she's my secretary." "Is she?" Tiens donc. / Ah, vraiment ?

On utilise aussi les auxiliaires dans les reprises qui introduisent une différence :

Ken loves horror films, and so does Maggie. ...et Maggie aussi.

Ken loves horror films, but Maggie doesn't. ...mais pas Maggie.

Ken does not like horror films, and neither does Maggie ...et Maggie non plus.

Ken does not like horror films, but Maggie does ...mais Maggie, si.

Pour tous ces exemples, regardez bien les formules françaises employées (et il y en a d'autres).

3 Tags

On emploie des *tags*, formés à l'aide d'auxiliaires, en fin de phrase, pour s'assurer de l'attention de l'interlocuteur ou pour lui demander une confirmation.

They haven't always been such good friends, have they? Il n'ont pas toujours été si bons amis, hein ? / n'est-ce pas ?

You liked that film, didn't you? Il t'a plu le film, non ?

Le principe est simple :

phrase affirmative + *tag* négatif

phrase négative + *tag* affirmatif

Il faut quand même se méfier des négations cachées :

They never go to the seaside, do they? Il ne vont jamais à la mer, n'est-ce pas ?

So there was nothing in that box, was there? Alors il n'y avait rien dans cette boîte, hein ?

Comme il ne s'agit pas de vraies questions, les *tags* ont une intonation descendante.

4 La forme dite « emphatique »

Pour contredire une négation qui vient d'être prononcée, ou sous-entendue, on réaffirme en accentuant l'auxiliaire (et s'il n'y en a pas, on introduit ***DO***) :

"I don't think he's very clever." "But he IS clever, you know." Mais si, il est vraiment intelligent.

The British police are normally not armed, but policemen DO carry a truncheon. ...mais les policiers sont quand même équipés d'un bâton.

Exercice

Traduisez en employant des reprises par auxiliaire et des *tags*.

1. Maggie a bien quarante ans, non ? 2. – Son anniversaire, c'était la semaine dernière ? 3. Maggie joue très bien au tennis, et son mari aussi. 4. Moi, je fais de l'exercice régulièrement, mais pas lui. 5. Tu sais lire, non ? 6. – Tu connais Maggie ? – Bien sûr. 7. – Je ne veux pas de son argent – Moi non plus. 8. – Je ne peux pas prêter d'argent à Elmer – Oh, mais moi, si. 9. – Tous les salaires seront augmentés au 1er janvier – Sans blague. 10. Les salariés *[wage-earner]* ont bien accueilli le discours de ministre, mais pas les patrons.

Fiche 4

Poser des questions

Un principe général : en anglais, les questions ont toujours une forme qui leur est propre, à la différence du français où les questions peuvent avoir l'ordre des affirmations :

Tu viens ? *Are you coming?*

Tu pars quand ? *When are you leaving?*

1 Les questions à réponse oui/non

Il faut toujours qu'il y ait inversion du sujet et de l'auxiliaire, même si le sujet est long. S'il n'y a pas d'auxiliaire, employer ***DO*** (mais surtout ne jamais l'employer s'il y a déjà un auxiliaire).

Can you drive? Vous savez conduire ?

Does the car that's parked on my driveway belong to you? Est-ce que la voiture qui est garée dans mon entrée de garage est à vous ?

Attention, le verbe ***BE*** est le seul verbe qui ne prend pas ***DO*** :

Are you all right? Ça va ?

Dans l'expression ***THERE IS***, c'est *there* qui est le sujet pour l'inversion (mais pas pour l'accord du verbe, qui se fait avec le nom) :

Are there any paper cups? Il y a des gobelets ?

Will there be any dessert? Il y aura un dessert ?

En parlant, il est fréquent que l'auxiliaire ***BE*** ou ***DO*** disparaisse complètement :

(Are) You all right? / *(Do) You think so?*

2 Les questions sur un point de la phrase

Là aussi, ne pas oublier l'inversion sujet-auxiliaire (éventuellement ***DO***), SAUF si la question porte sur le sujet :

Who did he see? (question sur complément d'objet) Qui a-t-il vu ? / Il a vu qui ?

Who saw him? (question sur sujet) Qui (est-ce qui) l'a vu ?

Quand la question porte sur un complément introduit par une préposition, on maintient généralement la préposition à sa place après le verbe :

What are they looking for? (comparez à *They are looking for something.*)

On emploie l'interrogatif ***WHO*** pour les personnes, et ***WHAT*** pour les objets, idées, etc. Les autres interrogatifs sont :

WHOSE, HOW, WHICH (aussi bien pour les personnes que pour les objets), ***WHEN, WHERE, WHY***.

WHOM ne s'emploie presque plus.

3 Quelques emplois des interrogatifs

What is this called? Comment ça s'appelle ?

What is that thing for? À quoi sert ce truc ?

What colour is their car? De quelle couleur est leur voiture ?

What is the town like? Comment est la ville ?

WHAT... LIKE appelle une description.

How are you? Comment allez-vous ?

How long / wide is a football field? Quelle est la longueur / largeur d'un terrain de football ?

How long did they stay in China? Combien de temps sont-ils restés en Chine ?

How long have you been in China? Depuis combien de temps êtes-vous en Chine ?

Pas besoin de ***FOR*** avec ***HOW LONG***. Ne jamais employer ***SINCE WHEN***.

How long ago did they leave England? Il y a combien de temps qu'ils ont quitté l'Angleterre ?

How much does that jacket cost? Combien coûte ce blouson ?

How many cards did you send? Combien de cartes as-tu envoyées ?

How old is he? Quel âge a-t-il ?

How far is the next town? À quelle distance est la ville la plus proche ?

How often do you go to the dentist's? Tu vas chez le dentiste tous les combien ?

How many times have you seen that film? Tu as vu ce film combien de fois ?

Ne confondez pas :

Whose house do you prefer? Vous préférez la maison de qui ?

Which house do you prefer? Vous préférez quelle maison ? (parmi celles mentionnées avant, ou visibles)

À cause du français, ne confondez pas non plus :

Whose pen is that? À qui est ce stylo ? (possession)

Who did you lend it to? À qui l'as-tu prêté ? (verbe *lend... to...*)

Who did you borrow it from? À qui l'as-tu emprunté ? (verbe *borrow... from...*)

Voir Fiche 6

4 Questions indirectes

Les questions indirectes (à la différence du français) ont toujours l'ordre de l'affirmation :

> ***I wonder who that tall athletic man can be.*** Je me demande qui peut bien être ce grand type d'allure sportive.
>
> ***Tell me what that Russian word means.*** Dis-moi ce que veut dire ce mot russe.

5 Prononciation

WHO se prononce [hu:], ***WHOSE*** [hu:z]

L'intonation des questions oui/non est montante, mais l'intonation des questions avec un interrogatif est **descendante**.

Is that true?

Who did you meet?

6 Exclamations

Elles ressemblent aux questions, mais il ne faut pas les confondre.

> ***What gorgeous weather!*** Quel temps merveilleux !
>
> ***What beautiful hair!*** Quels beaux cheveux ! / Les beaux cheveux !
>
> ***What a (fabulous/bad) race!*** Quelle (belle / mauvaise) course !

Remarquez que le déterminant après ***WHAT*** correspond au nom : donc rien pour un indénombrable, mais ***A/AN*** pour un dénombrable (voir Fiche 26).

> ***How tall he is!*** Comme il est grand ! / Ce qu'il est grand !
>
> ***How fast he runs!*** Comme il court vite ! / Qu'est-ce qu'il court vite !
>
> ***How nice!*** Comme c'est gentil !

HOW porte sur un adjectif ou un adverbe, qui le suit immédiatement.

Exercices

A. Remettez dans l'ordre pour former des questions directes ou indirectes, ou encore des exclamations. Il y a quelques cas où c'est impossible, apportez les modifications nécessaires.

1. who / Stephen / meet / did /last week 2. who / take / my pen / did / yesterday 3. I wonder / John / doing / is / what 4. who / next week / is meeting / Stephen 5. I don't know / this animal / is called / how 6. excellent / what / music 7. remarkable / what / film 8. house / is / whose / that

B. Ces phrases sont des réponses. Posez la question qui appelle l'élément souligné.

1. I have a bath <u>every morning</u>. 2. There were <u>500</u> people at the meeting. 3. It has been raining for <u>three days</u>. 4. I have <u>£400</u> on my bank account. 5. She is <u>a very nice girl, with blond hair, and always smiling</u>. 6. It takes <u>hours</u> to get there. 7. She likes <u>the red shirt</u> better. 8. These papers are <u>my mother's</u>. 9. My husband <u>is a writer</u>. 10. Vince looked after <u>his little sister</u>. 11. I opened this box with <u>a hammer</u>. 12. <u>That delay</u> made him angry. 13. Elmer is <u>a bit tired</u>. 14. <u>Jane</u> told me Stephen would spend some time in Paris this year.

C. Traduisez. Attention : il y a des questions et des exclamations, des questions directes et indirectes.

1. Qui a vu cette émission hier soir ? 2. Comment s'appelle cet outil ? 3. Ce que ce type est bête ! 4. Combien ça coûte, un lecteur de DVD ? 5. À qui a-t-il emprunté cette moto ? 6. Elmer ne sait pas où vivent les kiwis. 7. Elle est comment sa voiture ? 8. Qu'est-ce que cette sauce est épicée *[hot]* ! 9. Ta fille qui apprend à lire, tu l'aides ? 10. Quel temps épouvantable !

D. Même exercice, mais un peu plus difficile.

1. Elle est déjà arrivée ? 2. Elle était grande comment, ta chambre, à Londres ? 3. Elle contient combien de litres, cette bouteille ? 4. Quelle idée ridicule ! 5. Qu'est-ce qu'elle cherche ? 6. Quels meubles splendides ! 7. Mais à qui est ce blouson sur la chaise ? 8. Elle m'a demandé comment s'appelait le bâtiment. 9. Je sais pas où est Norwich, passe-moi la carte. 10. Quel humour ! Ce qu'il est drôle ! 11. Depuis quand est-ce que tu la connais ? 12. Non, je sais pas à qui est ce blouson. 13. Ce que ça devait être beau ! 14. Tu a oublié comment s'écrit son nom ?

Test de niveau
Fiches 1 à 4

Test d'entrée | **Test 1** | Test 2 | Test 3 | Test 4 | Test 5 | Test 6 | Test de sortie

Vérifiez vos réponses à l'aide du corrigé p. 182 et comptabilisez vos points.

1 Remettez de l'ordre pour former des phrases correctes (gardez le sujet en tête de phrase).

1. Sue and Harvey / to the pictures / go / often
2. We / last night / an excellent film / saw
3. Sue / very much / long historical films / likes
4. Sue / to Harry / the scene / described
5. Harry / better / western films / likes
6. Harry / in his room / has / twenty-five original movie posters
7. Sue / *Gone with the wind* / five times / has seen
8. Harry / explains / often / to Sue / the deep meaning of the Wild West myth
9. Sue / her favourite sitcom / always / watches
10. Harry and Sue / tomorrow / to London / are going

Votre score ..../10

2 Formez une question qui appelle comme réponse le terme souligné.

1. <u>Tom</u> saw a dog this morning.
2. The dog saw the neighbour's cat.
3. That's <u>Jill's</u> dog.
4. Tom has seen the dog <u>that lives next door</u>.
5. <u>The noise</u> has frightened the dog.
6. <u>Tom</u> has frightened the dog.
7. The dog has seen <u>Tom</u>.
8. Tom saw the dog <u>this morning</u>.
9. Jill has kept a piece of cake for <u>Tom</u>.
10. That dog was <u>black with long ears</u>.

Votre score ..../10

3 Garnissez le vide (si nécessaire) pour former une question.

1. How _______ do you go to the movies?
   many / long / much / often
2. ________ people were there at dinner?
   what many / how / how much / how many
3. ________ did you pay for that new jacket?
   what / how / how much / how many
4. ________ does it take to get there?
   what long / how / how long / how much
5. ________ books are these?
   what / whose / how big / what big
6. ________ is Tom looking for?
   who / whose / what / whom
7. ________ did they stay in Australia?
   how much / how long / how time / what time
8. ________ is her boy-friend like?
   how / what / who / whose
9. ________ petrol is there in the tank [*réservoir*]
   how much / how many / how / what
10. ________ is your garden?
    what wide / what width / which width / how wide

Votre score ..../10

4 La ponctuation n'est pas donnée. Quelle est la bonne traduction ?

1. How big their house is
   a. Qu'est-ce que leur maison est grande !
   b. Quelle est la taille de leur maison ?
2. What friends did you meet there
   a. Qu'est-ce que vous avez rencontré comme amis !
   b. Quels amis avez-vous rencontrés ?
3. What a long film that was
   a. Ce que ce film était long !
   b. Il était long comment ce film ?
4. How long did the concert last
   a. Le concert a duré combien de temps ?
   b. Ce que le concert était long !
5. How your grandmother liked the film
   a. Ça lui a plu, le film, à ta grand-mère ?
   b. Qu'est-ce que ta grand-mère a aimé le film !
6. How old is that house
   a. Ce que cette maison est vieille !
   b. De quand date cette maison ?
7. What a long film that was
   a. Ce que ce film était long !
   b. Il était long comment ce film ?
8. How long the concert was
   a. Le concert a duré combien de temps ?
   b. Ce que le concert était long !
9. How did your grandmother like the film
   a. Ça lui a plu, le film, à ta grand-mère ?
   b. Qu'est-ce que ta grand-mère a aimé le film !
10. How old that book is
    a. Ce que ce livre est vieux !
    b. De quand date ce livre ?

Votre score ..../10

5 Formez un *tag* en fin d'énoncé, pour attirer l'attention de l'interlocuteur.

1. Your brother has taken the car, ________?
2. Pamela didn't go to London last night, ________?
3. You like boiled cabbage, ________?
4. They can't have spent all that money, ________?
5. She won't stay long, ________?
6. The train would be cheaper, ________?
7. No normal car can go that fast, ________?
8. The children liked the film, ________?
9. They found nothing, ________?
10. There are too many characters in the film, ________?

Votre score ..../10

Score total : .... points × 2 = .../100

Appréciation du score :

90-100 : TRÈS BIEN **75-89 :** bien **60-74 :** honnête **40-59 :** médiocre
moins de 40 : nettement insuffisant

Verbes et compléments

Fiche 5

Principe général : ce n'est pas parce qu'un verbe a un complément direct en français qu'il en a aussi un en anglais. Et vice-versa.

Et si le verbe est mal construit, c'est toute la phrase qui est boîteuse.

1 Le cas *LISTEN TO SOMETHING*

Tina écoute souvent la radio.
complément direct
Tina often listens to the radio.
complément indirect

Autres cas semblables :

look at sth. (regarder qqch.)
look for sth. (chercher qqch.)
account for sth. (justifier qqch.)
pay for sth. (payer qqch. = l'objet qu'on se procure)
wait for sth. (attendre qqch.)
operate on s.o. (opérer qqn.)

Attention : La préposition reste généralement à sa place après le verbe au passif, dans les questions et les relatives, mais elle disparaît bien sûr quand il n'y a pas du tout de complément :

What are those people looking at?
This is not the bicycle I paid for.

MAIS

I'm waiting.
He can pay.

2 Le cas *OBEY SOMEONE*

Le sergent a obéi à son colonel.
complément indirect
The sergeant obeyed his colonel.
complément direct

Autres cas semblables :

answer sth. (répondre à qqch.)
answer s.o. (répondre à qqn.)
approach sth. (s'approcher de qqch.)
ask s.o. (demander à qqn.)

lack sth. (manquer de qqch.)
need sth. (avoir besoin de qqch.)
oppose sth. / s.o. (s'opposer à qqch. / qqn.)
remember sth. (se souvenir de qqch.)
resist s.o. (résister à qqn.)
suit s.o. (convenir à qqn.)
trust s.o. (faire confiance à qqn.)
use sth. (se servir de qqch.)

Exercices

A. Complément direct ou indirect ? Remettez les phrases dans l'ordre, en ajoutant éventuellement ce qui sera nécessaire.

1. OBEY / this dog / never / the children 2. ANSWER / that silly question / don't 3. OPPOSE / their grandfather / all new ideas 4. OPERATE / the injured driver / the surgeon / will 5. PAY / mafiosi / their meals /with $100 bills 6. REMEMBER / Elmer / never / Maggie's birthday 7. WAIT / Elmer / the beginning of the film 8. RESIST / Maggie / cannot / chocolate 9. LOOK / the key she has lost / Maggie 10. LISTEN / their parents / always / those children

B. Traduisez.

1. N'écoutez pas ce disque, il est mauvais. 2. Nous cherchons un appartement pas cher. 3. La sonde *[probe]* s'approche de la Mars. 4. Vous attendez l'autobus ? 5. Ne fais pas confiance à cette vieille voiture. 6. Mais pourquoi est-ce que vous attendez ? 7. Il a résisté à toutes les propositions *[offer]*. 8. Ses idées manquent d'originalité. 9. Je ne sais pas répondre à cette question. 10. Personne ne se souvient de cette vieille histoire.

Fiche 6

Verbes à deux compléments

1 SHOW opposé à DESCRIBE

Ne pas confondre ces deux sortes de verbes.

- ***SHOW*** a deux constructions :

  The guide showed an old portrait to the visitors.

  compl. indirect (destinataire) à la fin

  The guide showed the visitors an old portrait.

  deux compléments directs

On place à la fin l'élément nouveau qu'on veut transmettre.

Autres verbes comme ***SHOW*** : *bring, give, lend, pass, pay s.o. money, promise, send, teach, tell*.

ASK a seulement la construction : *ask s.o. a question*.

- ***DESCRIBE*** n'a qu'une seule construction :

  The guide described an old portrait to the visitors.

  complément indirect à la fin obligatoirement

Autres verbes comme ***DESCRIBE*** : *announce, explain, say, suggest*.

Quand il y a des pronoms :

The guide showed it to the visitors. OBLIGATOIREMENT

The guide showed them the old portrait. (forme préférentielle)

Mais pour ***DESCRIBE***, toujours **un seul ordre** possible :

The guide described it to them.

The guide described the old portrait to them.

2 STEAL

À ne pas confondre avec ***GIVE*** (c'est tout de même différent, non ?) :

Masked bandits stole the manuscript from the countess. Des bandits masqués ont volé le manuscrit à la comtesse.

Masked bandits stole the manuscript from her.

Autres verbes comme ***STEAL*** : *borrow sth. from s.o., buy sth. from s.o*.

Avec d'autres prépositions :

- *ask s.o. for sth., blame s.o. for sth.* (reprocher qqch. à qqn.)
- *rob s.o. of sth., remind s.o. of sth.* (rappeler qqch. à qqn.)
- *charge s.o. with sth. (accuser qqn. de qqch.), trust s.o. with sth.* (confier qqch. à qqn.)

3 SAY et TELL (première approche)

SAY peut n'avoir qu'un seul complément, qui représente des paroles, ou bien on peut ajouter le destinataire sous la forme d'un complément indirect :

The countess only said a few words (to Lord Winchester).

Par contre ***TELL*** n'a un seul complément que dans quelques expressions comme : *tell a story, tell a lie* (dire un mensonge), *tell the truth* (dire la vérité). Le deuxième complément donnera :

The countess told a lie to Lord Winchester / Lord Winchester a lie.

Mais si ***SAY*** et ***TELL*** introduisent du discours rapporté ? Alors, voir Fiche 8.

Exercices

A. Faut-il ou non ajouter quelque chose dans les blancs ? Si oui, quoi ?

1. The song reminded ..... him ..... an old traditional tune. 2. They borrowed ..... a hundred pounds ..... some friends. 3. The students asked ..... the teacher ..... a better explanation. 4. You can't trust ..... a child ..... a gun. 5. Did you buy ..... this DVD player ..... the discount store? 6. The gang stole ..... all those paintings ..... the local museum.

B. Traduisez.

1. Sue n'a pas prêté à sa sœur le collier qu'elle avait acheté. 2. Brian ne se souvient jamais des noms. Priscilla doit lui décrire les gens. 3. Le témoin *[witness]* a décrit au juge les hommes qui ont dévalisé la banque. 4. Les pays pauvres empruntent beaucoup d'argent aux pays développés. 5. Tu te souviens de notre voyage en Ecosse ? 6. Il ne demande jamais d'argent à ses parents. 7. Son visage me rappelait une actrice célèbre, mais je n'arrivais pas à me rappeler qui. 8. Expliquez-moi ce paragraphe. Je ne me souviens pas du sens de plusieurs mots importants. 10. Quelqu'un a volé des armes au commissariat.

Verbes et subordonnées

Fiche 7

1 Infinitif ou gérondif ?

L'anglais dispose de deux formes, l'infinitif et le gérondif (forme ***V-ING***), alors que le français n'en a qu'une. Il faut donc savoir choisir, et vérifier souvent dans le dictionnaire.

- Certains verbes sont toujours suivis de l'infinitif :

    Count Dracula promised to be there by midnight. Le comte Dracula a promis d'être là pour minuit.

- D'autres verbes sont toujours suivis du gérondif :

    Count Dracula avoids going out in the sun. Le comte Dracula évite de sortir au soleil.

Remarquer particulièrement dans ce cas : ***STOP*** et ***GO ON***.

He stopped / went on drinking. Il a arrêté / continué de boire.

De façon générale, toute préposition est suivie du gérondif, y compris la préposition *to* (qui n'est pas le *to* de l'infinitif) :

We look forward to meeting that delightful man. Nous sommes impatients de rencontrer cet homme charmant.

We are used to staying up late. Nous sommes habitués à veiller tard.

- D'autres verbes encore permettent soit le gérondif soit l'infinitif. Parfois la différence est faible :

    The count started to drink / started drinking.

Mais elle peut être importante :

I distinctly remember buying some garlic. Je me rappelle clairement avoir acheté de l'ail.

Le gérondif représente un événement déjà réalisé.

I must remember to buy some garlic. Il faut que je pense à acheter de l'ail.

L'infinitif avec *to* représente une événement dans l'avenir.

Attention : Parfois, en anglais ce n'est ni l'infinitif ni le gérondif, c'est une subordonnée en ***THAT*** :

Je croyais avoir acheté de l'ail. ***I thought (that) I had bought some garlic.***

Autres verbes : ***SAY, BELIEVE, COMPLAIN, DOUBT***.

2 Les propositions infinitives

La proposition infinitive (inconnue en français) joue le même rôle que la subordonnée en ***THAT*** (mais on n'a généralement pas le choix) :

> ***The count wanted his castle to be well fortified.*** Le comte voulait que son château soit bien fortifié.
>
> ***The count thought (that) his castle was well fortified.*** Le comte pensait que son château était bien fortifié.

Quelques verbes qui sont suivis d'une proposition infinitive : ***WANT, WOULD LIKE, PREFER***. La proposition infinitive représente un événement qui n'est pas réalisé mais projeté.

La proposition infinitive existe aussi avec les adjectifs :

> ***Is it really necessary for the castle to be fortified?*** Est-il vraiment nécessaire que le château soit fortifié ?

3 Propositions avec l'infinitif sans *to*

- après les verbes de sens causatif ***MAKE, LET, HAVE***, et aussi ***HELP*** :

> ***The noise made Priscilla jump.*** Le bruit a fait sursauter Priscilla.

Le gérondif est absolument impossible ici.

REMARQUE : L'anglais possède par ailleurs des verbes comme *grow* (= pousser ou faire pousser) qui peuvent avoir un sens causatif :

> ***He grows vegetables*** (= fait pousser). ***They grow*** (= poussent) ***very well in his garden***.

- après les verbes de perception ***SEE, HEAR, WATCH*** :

> ***I saw a bat come out of the tower.*** J'ai vu une chauve-souris sortir de la tour.

La forme ***V-ING*** est possible, mais elle indique qu'on s'intéresse au déroulement de l'action :

> ***I watched the bats flying around the tower.*** J'ai regardé les chauve-souris qui volaient autour du donjon.

Exercices

A. Choisissez la forme qui convient pour le verbe en majuscules. Ce choix dépend bien sûr du premier verbe.

1. Everybody went on <TALK> when the president came in. 2. It stopped <RAIN> around five. 3. Don't forget <BUY> the Sunday papers. 4. I don't remember <MEET> your cousin. 5. You'd better avoid <EAT> too much chocolate if you want to lose weight. 6. I am not used to <STAY UP> late. 7. Keith promised <BRING> some wine. 8. You must remember <BUY> more wine for the party. 9. He doesn't mind <GET UP> early. 10. She seems <KNOW> all the answers.

B. Choisissez la forme qui convient pour la proposition entre crochets, en faisant toutes les modifications nécessaires. Ce choix dépend bien sûr du premier verbe.

1. The Johnsons made <their children – STUDY Chinese> 2. Mrs Johnson thinks <SPEAK – perfect Chinese> 3. Have you heard <Mrs Johnson – SPEAK> Chinese? 4. Priscilla often complains <she – HAVE> the smallest office in the building. 5. I would like <Priscilla – STOP> complaining. 6. I'll let <her – USE> my office. 7. I want <Priscilla – BE HAPPY> 8. I look forward to <TELL> her the good news

C. Traduisez.

1. Barry dit être le meilleur golfeur du quartier. 2. Carrie aimerait bien que Barry l'invite au terrain de golf. 3. Barry n'a pas laissé Carrie utiliser ses clubs. 4. Tu te rappelles avoir acheté ce tableau ? 5. Tout d'un coup, tout le monde a arrêté de parler. 6. Le silence m'a fait me retourner. *[look round]* 7. J'ai oublié de faire le plein. *[fill up]* 8. Je ne suis pas habitué à conduire une grosse voiture.

Fiche 8

Comment rapporter les paroles (*SAY*, *TELL*, *ASK*)

1 Au discours direct, c'est-à-dire en citant entre guillemets.

On peut employer ***SAY*** dans tous les cas, en précisant éventuellement le destinataire :

He said (to us), "You can spend the night here."

He said (to us), "Wait here."

He said, "Can you stay the night?" (***TELL*** impossible)

He said, "A fine night for hunting." (***TELL*** impossible)

Pour employer ***TELL***, il faut rapporter des mots qui forment une phrase complète (mais qui ne soit pas une question). Il ne faut pas oublier de mentionner le destinataire.

He told us, "You can spend the night here."

He told us, "Wait here."

ASK ne permet que les questions. Le destinataire (complément direct) est optionnel :

He asked (us), "Can you stay the night?" (***TELL*** impossible)

2 Au discours indirect

SAY ne permet pas de rapporter indirectement un ordre ou une question, seulement une affirmation (positive ou négative), sous la forme d'une proposition en ***THAT***. Le ***THAT*** peut être omis.

He said (to us) that we could spend the night there.

He said he felt very tired.

Si le destinataire est mentionné, il est introduit par la préposition *to*. Il en est de même pour ***ANNOUNCE, EXPLAIN, SUGGEST***.

He explained (to us) that the cellar was perfectly safe.

TELL introduit une affirmation (positive ou négative), sous la forme d'une proposition en ***THAT*** (*that* peut être omis).

He told us that we could spend the night there.

Avec une proposition en *to*, ***TELL*** permet de rapporter un ordre.

He told us not to move at all. (***SAY*** impossible)

Le destinataire est toujours obligatoire.

ASK permet de rapporter une question :

He asked (us) if we could stay the night. (***SAY*** et ***TELL*** impossibles)

Avec une proposition en *to*, ***ASK*** introduit un ordre poli :

He asked the secretary to bring him the file.

Exercices

A. Insérez le verbe qui convient (ou plusieurs) sans rien ajouter.

1. Emma …….. the pianist, “Play my favourite tune.”
told / said / asked

2. The President …… the nation that the ban on foreign wines would be lifted for Christmas.
announced / told / explained

3. The judge ……. the accused, “Do you have anything more to declare?”
asked / told / said to

4. The judge ……., “Do you have anything more to declare.”
asked / told / said

5. Emma …….. the pianist to play her favourite tune.
told / said to / asked

B. Associez les éléments pour former des phrases.

1. The secretary…

A. told	a. that she was leaving earlier than usual
B. said	b. when she could take a day off
C. asked	c. to leave earlier than usual
	d. the boss to take a day off
	e. the boss if she could take a day off

2. Vince…

A. told	a. to Eddy that the money had to be paid back
B. said	b. to give Eddy the money back
C. asked	c. to Eddy to give the money back
	d. Eddy that the money had to be paid back
	e. Eddy paying the money back

3. The secretary…

A. asked	a. to the manager how the computer worked
B. explained	b. the manager how the computer worked
C. told	c. to the manager that the computer wasn't working
D. said	

Le passif

1 Formation du passif

Le passif se forme

A. en prenant pour sujet ce qui est le premier complément (direct ou indirect) de l'actif et

B. en ajoutant l'auxiliaire ***BE***, qui est suivi du participe passé.

L'auxiliaire ***BE*** vient après tout autre auxiliaire :

They broke the furniture. → *The furniture was broken.*

They paid for the damage. → *The damage was paid for.* Les dégâts ont été remboursés (bien laisser la préposition près du verbe)

They can't have broken the furniture. → *The furniture can't have been broken.*

Someone was painting the room. → *The room was being painted.*

C. On peut (mais pas forcément) réintroduire le sujet de l'actif grâce à la préposition *by* :

The room is being decorated by a team of experts. (c'est qu'on tient à préciser la nature des exécutants)

En fait, c'est souvent pour ne pas mentionner un des participants qu'on emploie le passif, d'où son utilité pour traduire le pronom français **on**.

Il faut bien garder toutes les caractéristiques que le verbe pouvait avoir à l'actif : prétérit actif → prétérit passif, présent progressif actif → présent progressif passif, etc., MAIS on ne garde bien sûr pas ***DO***, puisque le passif a déjà l'auxiliaire ***BE***.

They didn't break the furniture. → *The furniture wasn't broken.*

Dans la langue courante, on trouve aussi ***GET*** comme auxiliaire du passif, pour marquer clairement le changement d'état :

The furniture got broken.

2 Passif des verbes prépositionnels

Il faut bien insister sur le fait que les verbes prépositionnels (qui ont un complément introduit par une préposition) se passivent régulièrement :

The house was broken into. On/Quelqu'un a pénétré dans la maison par effraction.

Il en est de même pour certaines locutions verbales prépositionnelles courantes :

Everything will be taken care of (by the insurance). Tout sera réglé (par l'assurance).

3 Le passif des verbes à deux compléments

Quand un verbe a deux compléments, c'est toujours le premier (seulement) qui peut devenir sujet de l'actif :

> ***They stole a lot of money from the bank.*** → ***A lot of money was stolen from the bank.***
>
> ***They had to explain the problem to the police.*** → ***The problem had to be explained to the police.***

Impossible dans ces deux phrases de commencer le passif par *the bank* ou *the police*, attention donc aux verbes comme ***EXPLAIN*** et ***STEAL*** (voir Fiche 6).

Si un verbe a deux compléments directs (***GIVE, ASK***), c'est aussi le premier qui peut devenir sujet du passif :

> ***The police asked the owners if they had seen anything.*** → ***The owners were asked if they had seen anything.***
>
> ***The owners gave the police a rather vague description.*** → ***The police were given a rather vague description.***

4 Un cas spécial : *he was said...*

> ***The owners were said to be very careful.*** On disait que les propriétaires étaient très prudents.

On ne dit rien aux propriétaires. Par contre on dit quelque chose à leur propos : ***People said that the owners were very careful.***

Ne pas confondre avec :

> ***The owners were told to be very careful.*** On a dit aux propriétaires d'être très prudents.

TELL a besoin qu'on mentionne la personne à qui on dit quelque chose. Ici, *the owners* représente bien les gens à qui on a dit quelque chose (comparez à l'actif : ***The police told the owners to be very careful.***)

Exercices

A. Passivez les verbes prépositionnels et les verbes à deux compléments. Choisissez on non de conserver l'agent.

(a) 1. You can't rely on the new clerk. 2. They objected to the appointment *[nomination]*. 3. The government didn't comment upon that decision. 4. Did someone pay for the meal? 5. Somebody has broken into the police-station.

(b) 1. The MPs asked the PM some embarrassing questions. [*cherchez le sens de ces abréviations mystérieuses mais courantes*] 2. The PM explained the difficulty of the situation to the members of the majority. 3. She has given no explanation to the opposition. 4. Someone should teach those people a lesson. 5. The PM has given the opposition no explanation so far. 6. Everybody said that the PM was the best debater in the House of Commons. 7. Many of her supporters told the PM that she was the best debater in the House of Commons. 8. Nobody showed us the way out.

B. Traduisez, en employant des passifs.

1. Est-ce qu'on t'a donné l'adresse ? 2. On ne m'a pas expliqué le mode d'emploi *[instructions]* 3. Cette commande *[order]* n'a pas été payée. 4. On dit que ce client est très exigeant. 5. On n'a pas dit le prix exact au client. 6. Le président s'est vu poser plusieurs questions sur sa santé. 7. On n'opèrera pas le président la semaine prochaine. 8. On n'a pas annoncé l'opération du président aux journalistes. 9. Il faut obéir à tous les ordres. 10. On ne m'avait pas dit que le président était malade.

Test de niveau
Fiches 5 à 9

Vérifiez vos réponses à l'aide du corrigé p. 185 et comptabilisez vos points.

1 Faut-il insérer quelque chose, et si oui, quoi ?

1. Are you waiting ___ a number 72 bus?
2. I see you are looking ___ my new tie?
3. Don't listen ___ that record.
4. Have they answered ___ all the questions?
5. I just can't remember ___ her name.
6. Nobody opposed ___ the Prime Minister's plans.
7. The rocket is now approaching ___ Venus.
8. They are looking ___ new ideas
9. They haven't paid ___ their drinks.
10. Why don't you ask ___ a policeman?

Votre score ..../10

2 Parmi les verbes donnés avec chaque phrase, quels sont ceux que l'on peut faire entrer dans le blanc ? (Mettez le verbe au prétérit mais ne faites aucun autre changement.)

1. Sue .... Priscilla her diamond necklace. <SHOW, DESCRIBE, LEND>
2. The minister .... them the news. <ANNOUNCE, TELL, SAY>
3. The anchorman [*présentateur de télé*] .... the viewers some pictures of the war. <SHOW, DESCRIBE, EXPLAIN>
4. The anchorman.......... them some pictures of the war. <DESCRIBE, ANNOUNCE, SHOW>
5. Sue .... her her diamond necklace. <SHOW, DESCRIBE, LEND>
6. The book .... new ideas to him. <SUGGEST, GIVE, TEACH>
7. His colleagues .... him new ideas. <SUGGEST, STEAL, GIVE>
8. My old friend .... me some money. <BORROW, LEND, GIVE>
9. The journalist .... a few words to the actress. <TELL, SAY, SUGGEST>
10. Sue.......... her sister 800 pounds. <BORROW, PAY, ASK>

Votre score ..../10

3 Choisissez la forme qui convient pour le verbe en majuscules. Ce choix dépend bien sûr du premier verbe.

1. It went on <RAIN> all day.
2. Keith promised <BE> on time.
3. Don't forget <BUY> some bread.
4. Everybody stopped <TALK> when the president came in.
5. I don't remember <READ> that book.
6. Avoid <EAT> too much if you want to lose weight.
7. We must remember <BUY> flowers for the party.
8. I am not used to <TYPE> on this computer.
9. She seems <KNOW> all the answers.
10. He doesn't mind <GET UP> early.

Votre score ..../10

4 **Choisissez la forme qui convient. Ce choix dépend bien sûr du premier verbe.**

1. Kenneth thinks	he is / to be / being / be an excellent singer.
2. They made	their children studying / to study / study music.
3. He wants	me buy / me to buy / that I buy / that I bought his car.
3. I would like	her to come / her coming / that she come / that she comes to the cinema with me.
4. They let	me use / I use / me using their car.
5. She often complains	that she has / to have / having the smallest office in the building.
6. Did you hear	go out Tommy / Tommy go out / Tommy to go out / to go out Tommy by chance?
7. Jenny	said them / told to them / said to them / told them to clean the garage.
8. Do you remember	seeing / to see / to have seen / have seen that film?
9. Fortunately, Myra didn't forget	buying / to buy / that she buys a cake for the birthday party.
10. The English are used	wear / to wearing / to wear raincoats most of the time.

Votre score ..../10

5 **Passivez les phrases.**

1. They objected to the idea.
2. Her grandfather taught her Russian.
3. You can rely on Susie.
4. The teacher explained the problem to the class.
5. They gave the biggest pieces of pie to the children.
6. Have you paid for the books?
7. Everybody said that Susie was the best guitar-player.
8. Someone told Mary that she was the best guitar-player.
9. They didn't comment upon that decision.
10. The examiners asked the candidates some very difficult questions.

Votre score ..../10

Score total : .... points × 2 = .../100

Appréciation du score :

90-100 : TRÈS BIEN **75-89 :** bien **60-74 :** honnête **40-59 :** médiocre
moins de 40 : nettement insuffisant

SECTION 2

L'AUXILIAIRE ET LE VERBE

Présentation

Ce qu'on dit avec les auxiliaires et les verbes

Grâce au **temps**, l'énonciateur situe son point de vue (présent ou passé), mais il peut aussi, à l'aide d'un des emplois du prétérit, proposer quelque chose de totalement imaginaire :

> *If I was president, I would abolish all parking-tickets.*
>
> Si j'étais président [mais il ne l'est pas], j'abolirais toutes les contraventions.

Grâce aux **auxiliaires**, l'énonciateur précise son point de vue.

Sans auxiliaire, il fait comme s'il était neutre.

En employant ***BE + -ING***, il montre par exemple qu'il attache ce qu'il décrit à un moment particulier (présent, passé ou futur) :

> *At the time, they were living in Cornwall.*
>
> À l'époque, ils habitaient en Cornouaille.

En employant ***HAVE + -EN***, l'énonciateur met en rapport deux moments, et de cette manière peut dresser maintenant le bilan d'événements antérieurs :

> *The price of petrol has gone down.* [On constate maintenant les résultats de l'opération de baisse.]
>
> Le prix de l'essence a baissé.

Les **auxiliaires de modalité** (***CAN, MUST***, etc.) permettent de se placer entre le vrai et le faux.

Grâce aux auxiliaires de modalité (***CAN, MUST***, etc.), l'énonciateur, s'il ne peut pas se prononcer à coup sûr, peut se placer entre le vrai et le faux :

> *This must be a real diamond.* Ça doit être un vrai diamant.
>
> *The doctor may be wrong.* Peut-être que le docteur se trompe.

L'énonciateur peut cumuler les effets :

> *Helen must have been working in the garden when I phoned.*
>
> *must* (temps présent) : absence de certitude au moment où on parle
>
> *have been* : le passé vu depuis le présent
>
> *been working* : action en cours au moment précisé par *when I phoned*
>
> Helen devait travailler dans le jardin quand j'ai téléphoné.

Certaines de ces prises de position peuvent aussi être exprimées par des **adverbes** :

> *This is probably a real diamond.*

Les adverbes permettent d'ailleurs d'apporter beaucoup d'autres nuances : localisation dans le temps ou l'espace, fréquence, jugement, point de vue, etc.

Fiche 10

Forme simple

La forme simple est employée au présent et au prétérit dans les cas suivants :

1 Succession d'événements

Reportage, démonstration (au présent), récit au prétérit

Now, I pour the eggs into the bowl, and I stir vigorously.

Maintenant, je verse les oeufs dans le saladier et je bats vigoureusement.

Andrew Blackhorn walked into the pub, ordered a pint of beer and took it to a table.

Andrew Blackhorn est entré dans le pub, a commandé une pinte de bière et l'a emportée à une table.

2 Événement répété

Présent ou passé

They eat fish and chips every Saturday night.

Ils mangent du fish and chips tous les samedis soirs.

When they were first married, they ate fish and chips every Saturday night.

Au début de leur mariage, ils mangeaient du fish and chips tous les samedis soirs.

3 Caractéristique constante

Présente ou passée

My dog eats a lot of vegetables.

Mon chien mange beaucoup de légumes.

I once had a dog that ate a lot of vegetables.

J'ai eu un chien qui mangeait beaucoup de légumes.

4 État

Présent ou passé

I think she knows the truth.

Je crois qu'elle sait la vérité.

I thought she knew the truth.
Je croyais qu'elle savait la vérité.

5 Action programmée sans intervention de l'énonciateur.

Par rapport au présent ou par rapport à un moment du passé

Our plane leaves very early.
Notre avion part très tôt.

We had to hurry, because our plane left very early.
Il a fallu se dépêcher, parce que notre avion partait très tôt.

La forme *BE* + *-ING* (forme progressive)

Fiche 11

La forme ***BE + -ING*** (appelée aussi progressive ou continue) indique qu'on se place à un moment particulier du temps. Elle est employée au présent et au prétérit dans les cas suivants :

1 Action vue en un point de son déroulement

We can't go out, it's raining.
Nous ne pouvons pas sortir, il pleut.
It was raining when they went out.
Il pleuvait quand ils sont sortis.

2 Intention ou contrainte (souvent avec sens futur)

I can't see him today I'm having lunch with my aunt.
Je ne peux pas le voir aujourd'hui, je déjeune avec ma tante.
(= il est prévu que je déjeune)
I couldn't see him on Tuesday because I was having lunch with my aunt.
Je ne pouvais pas le voir mardi, parce que je devais déjeuner avec ma tante.

Cet emploi est possible même avec le verbe ***BE***, lorsqu'il est associé à des adjectifs : l'énonciateur attribue au sujet l'intention de se placer dans l'état indiqué.

He's being very kind.
Il fait preuve de beaucoup de gentillesse.
He was being very kind.
Il faisait preuve de beaucoup de gentillesse.

3 Par exagération, mise en valeur de l'intention

Il y a alors répétition à l'infini, avec des adverbes comme ***ALWAYS, CONSTANTLY, FOR EVER***.

You're always leaving your umbrella on the bus.
Tu n'arrêtes pas d'oublier ton parapluie dans le bus.
He was always leaving his umbrella on the bus.
Il n'arrêtait pas d'oublier son parapluie dans le bus.

4 Quelques raisons d'être prudent

Les verbes (appelés verbes d'état) qui indiquent une relation stable ou une caractéristique permanente (ni déroulement, ni intention possible) acceptent difficilement la forme ***BE + -ING***. Quelques exemples :

have (possession), *contain, resemble, seem, see, hear, believe, like*.

Pour indiquer une habitude, présente ou passée, il suffit d'employer la forme simple, en l'accompagnant éventuellement d'un adverbe (***USUALLY, ALWAYS***) :

Maggie (usually) drinks a mug of hot cocoa before she goes to bed. Maggie a l'habitude de boire une tasse de chocolat chaud avant de se coucher.

En présence d'un auxiliaire de modalité, ou de verbes comme *seem*, il est important de préserver la différence entre forme simple et forme ***BE + -ING***.

"What's that noise?" – "It must be raining." Qu'est-ce que c'est que ce bruit ? – Il doit pleuvoir.

Things seem to be improving. On dirait que la situation s'arrange.

Exercices

A. Forme simple ou forme *BE + -ING* ? Attention aux verbes qui par nature indiquent un état. Le temps peut être le présent, le prétérit, ou parfois l'infinitif.

1. I think Adrian <KNOW> the truth. 2. Adrian never <TELL> lies. 3. I suspected that Jerry <TELL> a lie when he told me that fantastic story. 4. What newspaper you <READ> on Sundays? 5. The car stopped when it <RUN> out of petrol. 6. Will you be quiet! I <READ> my paper. 7. I <BELIEVE> you, I'm sure you <TELL> the truth. 8. The president <GIVE> a speech when the news was announced. 9. The victim was struck on the head while he <WATCH> television. 10. What a fantastic story! You must <JOKE>.

B. Traduisez.

1. Ce bruit semble bizarre, non ? 2. Qu'est-ce que tu fais ? Tu arrêtes la voiture ? 3. Mildred conduit trop vite, je n'aime pas monter *[ride]* dans sa voiture. 4. Ralentis *[slow down]*, tu conduis trop vite. 5. Ne me dérange pas, je fais les mots croisés. 6. Tu n'arrêtes pas de faire des mots croisés. Est-ce que tu lis le journal aussi ? 7. Pendant que je faisais les mots croisés, j'ai eu une idée géniale. 8. Je croyais qu'il plaisantait, mais il était très sérieux. 9. La situation s'améliorait *[improve]*, mais une nouvelle crise a éclaté. 10. Nous dînons au restaurant, tu viens avec nous ? 11. La situation doit s'améliorer, le patron a l'air plus calme. 12. Louis XIV mangeait dans de la vaisselle d'or.

Fiche 12

Le *present perfect* (et le prétérit)

1 Le *present perfect*

Quand on emploie le *present perfect*, on parle du présent, d'une situation qui est valable actuellement (à la suite de quelque chose qui s'est passé avant) :

The boss has gone out. Le patron est sorti. (c'est-à-dire « le patron n'est pas là », parce qu'il et sorti avant)

We can't go out, it's been snowing. Nous ne pouvons pas sortir, il a neigé. (Il ne neige plus, mais on parle des conséquences du fait qu'il ait neigé, sans doute l'accumulation de neige sur le sol.)

This is a very difficult situation, you have been careless. Nous sommes dans une situation très difficile, tu as été bien imprudent. (l'imprudence est dans le passé, mais on en subit les conséquences maintenant)

Un cas particulier du *present perfect* est qu'une action ou un état qui ont commencé avant se prolongent jusqu'à maintenant, MAIS ATTENTION, pour obtenir cet effet, il faut que le *present perfect* soit accompagné d'un complément introduit par ***SINCE*** ou ***FOR*** qui mesure l'action ou l'état (voir Fiche 14) :

The boss has been out since twelve. Le patron est sorti depuis midi. (remarquez qu'on est passé de ***GO OUT*** à ***BE OUT***)

It's been snowing for two hours. Ça fait deux heures qu'il neige.

Vous remarquez que l'idée de prolongation n'a rien à voir avec la présence ou l'absence de la forme ***BE + -ING***, forme progressive, (voyez Fiche 13 pourquoi on emploie ou non ***BE + -ING***).

2 *Present perfect* en contraste avec prétérit

Parce qu'il parle du présent, le *present perfect* ne peut être accompagné que de compléments ou adverbes de temps qui représentent le présent, notamment ***NOW*** :

They have now spent half the money.

MAIS dès qu'on a un complément ou adverbe de temps qui représente le passé, on est obligé d'avoir le prétérit :

Last month, they spent half the money.

The boss went out at twelve. (remarquez qu'on peut en effet utiliser cette phrase pour expliquer qu'il n'est pas là actuellement ; mais du moment qu'on dit at twelve, on doit avoir le prétérit)

Les récits se font au prétérit (on se replace au moment de l'action, en se coupant du moment où on raconte) :

First, I washed the dishes, then I made the beds. I did some cooking, then at eleven I fetched the children. In the afternoon, I went to the supermarket and I took the dog to the vet.

Par contre, une suite de verbes au *present prefect* ne donne pas un récit, mais un bilan d'activité :

> ***I have washed the dishes, I have made the beds. I have done some cooking, I have fetched the children. I have been to the supermarket and I have taken the dog to the vet.***

La forme ***USED TO*** + infinitif marque une coupure par rapport au présent encore plus nettement que le prétérit :

> ***The maths teacher used to be a heavyweight champion.*** Le prof de maths était (jadis) un champion poids lourd.

Ne pas employer de complément de temps avec ***USED TO*** + infinitif.

3 Aide mémoire *present perfect* ou prétérit

Trois catégories :

A. Événement entièrement révolu

> ***Kenneth lost his keys yesterday.***
> prétérit et repère du passé.
> (français : passé composé, ou passé simple)

B. Bilan présent d'un événement antérieur (un événement révolu a des conséquences maintenant)

> ***Kenneth has lost his keys. (= he hasn't got his keys now)***
> ***It's been raining.***
> *present perfect* et repère du présent (ou pas de repère)
> (français : passé composé)

C. Événement qui se poursuit maintenant

> ***Kenneth has been away for three days.***
> *present perfect* + complément de mesure
> (**Attention,** en français, présent : Kenneth est absent depuis trois jours)

Fiche 13

Present perfect avec *BE + -ING* ou non ?

Dans les deux cas, c'est bien toujours un *present perfect*, c'est-à-dire qu'on parle des répercussions sur le présent de quelque chose qui s'est passé avant.

Susie has eaten the ice-cream.

Il n'y a plus de glace, conséquence obligatoire du fait qu'elle l'a mangée (avant).

Susie has been eating ice-cream.

Qu'il reste ou non de la glace n'est pas le problème, mais on constate des traces de l'activité de Susie (par exemple, un emballage qui traîne, Susie est barbouillée).

Certaines actions nous obligent à employer le *present perfect* simple, d'autres le *present perfect* avec ***BE + -ING***.

Action à conséquence obligatoire

He has disappeared.

(il n'est plus là, forcément)

Action sans conséquence obligatoire

He's been running.

(les effets peuvent être variés : il est fatigué, il a laissé traîner ses chaussures, etc.)

Action à conséquences facultatives

(a) *He has read Parry Hotter and the Gnomes.*

Il connaît (tout) le livre.

(b) *He has been reading Parry Hotter and the Gnomes.*

Sa lecture (pas forcément complète) a des effets divers (il se déguise en Parry Hotter, il a peur la nuit, etc.)

Exercices

A. Pour bien comprendre. Dites quels sont les actions ou états qui se poursuivent jusqu'à maintenant, et ceux qui ne se poursuivent pas (qui, donc, sont terminés). Parmi ceux qui sont terminés, quels sont ceux qui constituent un bilan présent d'une action passée ?

1. Napoleon lost the battle of Waterloo. 2. I've been reading *Oliver Twist*. 3. They got married last month. 4. It's been raining heavily. 5. They've finally got married. 6. It's been raining since this morning. 7. They have only been married for a few weeks. 8. The secretary has been ill. 9. Jimmy learnt to read when he was four. 10. The secretary has been ill for the past few days.

B. Traduisez. Vous emploierez le prétérit ou le *present perfect* à la forme simple seulement.

1. Nos invités sont partis dimanche soir. 2. Je connais ce village depuis très longtemps. 3. Enfin les invités sont partis, pas trop tôt. 4. Tu as fait la vaisselle ? 5. J'ai lu tout le livre. La fin est très triste. 6. Nos invités sont là depuis la semaine dernière. 7. J'ai fait la vaisselle ce matin. 8. L'oncle Arthur a beaucoup grossi. 9. La boutique est fermée depuis le 1er septembre. 10. La boutique a fermé le 1er septembre.

C. Traduisez en employant le *present perfect simple* ou avec *BE + -ING*.

1. Je suis fatigué parce que j'ai regardé la télévision. 2. Tous les nuages ont disparu. 3. J'ai maigri et je peux à nouveau mettre ce pantalon 4. « Quelle bonne odeur ! » « J'ai tondu la pelouse. » 5. Le chien est mouillé. Est-ce qu'il a plu ?

Present perfect avec complément de mesure : *BE + -ING* ou non ?

Fiche 14

1 Les états

Ils sont bien sûr au *present perfect simple* :

> ***The waiter has been very helpful since I gave him that tip.*** Le serveur est très attentionné depuis que je lui ai donné ce pourboire.

Pour les actions, comme d'habitude, cela dépend du type d'action. On ne peut avoir que des actions qui peuvent se prolonger au moment présent, on emploie alors le *present perfect* avec ***BE + -ING*** :

> ***He has been reading Moby Dick for two weeks.*** Il lit *Moby Dick* depuis quinze jours.
>
> ***He's been running for two hours.*** Il court depuis deux heures.

2 Les actions

Lorsqu'elles débouchent sur une certaine conséquence et qu'elles indiquent qu'on entre dans un état, elles ne se laissent pas facilement mesurer (mais on peut les repérer). Par contre on mesure les états qui résultent de ces actions.

Action	**État**
(repérée dans le passé)	(mesuré)
He left on Monday.	***He has been away since Monday.***
Il est parti lundi.	Il est parti depuis lundi.
He left two days ago.	***He has been away for two days.***
Il est parti il y a deux jours.	Il est parti depuis deux jours.

3 Le verbe *GET*

Il indique un changement d'état, et c'est pour cette raison qu'on ne peut pas dire ~~*Brian has got the same jacket for three years*~~. On doit employer ***HAVE*** (l'état qui résulte de ***GET***) :

> ***Brian has had the same jacket for three years.***
>
> Brian a la même veste depuis trois ans.

Quelques autres actions du même genre :

Action	**État qui en résulte**
leave	*be away, be out*
arrive	*be here*
disappear	*be away, be lost*
die	*be dead*
get married	*be married*
get sth.	*have sth.*
find sth.	*have sth.*
lose sth.	*not have sth.*
hear sth.	*know sth.*

Exercices

A. Traduisez en employant le *present perfect* simple ou avec *BE + -ING*.

1. Le château appartient à la même famille depuis le XVIIe siècle. 2. Ça fait deux heures que tu épluches *[peel]* des patates. 3. Les enfants regardent la télé depuis le début de l'après-midi. 4. Le journal coûte le même prix depuis des années. 5. Le moteur tourne *[run]* depuis trop longtemps.

B. Traduisez. En anglais, il faut choisir clairement entre une action repérée dans le passé et un état mesuré.

1. Ça fait seulement quelques jours que j'ai cette voiture. 2. Cette coutume a disparu depuis longtemps. 3. La reine Victoria est morte depuis près d'un siècle. 4. Ça ne fait pas longtemps que je connais Elsie. 5. Shakespeare est mort il y a quatre siècles. 6. Il a cinq minutes qu'elle est partie. 7. Andy et Elsie sont mariés depuis cinq ans. 8. Ça fait dix ans que j'ai ces chaussures faites à la main.

Repères, mesures, fréquences

Fiche 15

Ne confondez pas :

1 Repère

- du passé : impose le prétérit :

  They published the book yesterday / last week / during the holidays / in June / three days ago (***AGO*** mesure l'écart passé-présent)

- du présent : impose le *present perfect* :

  They have now published the book at last.

Quand il n'y a pas de repère, vous pouvez supposer que c'est le présent :

They have published the book.

2 Complément de mesure

A. Mesure mais ne repère pas : n'impose aucun temps.

Bill was out for three hours. = Bill a été absent pendant trois heures. (quand ?)

Bill has been out for three hours. = Bill est absent depuis trois heures.

Attention. Dans ce cas, on emploie en français *depuis*, mais aussi *il y a ... que* et *ça fait ... que*. N'employez JAMAIS ***THERE*** *is* dans ce cas.

B. Mesure en indiquant le point de départ (le point d'arrivée est sous-entendu) : impose soit le *present perfect* soit le *pluperfect*.

Bill has/had been away since Tuesday. = Bill est/était absent depuis mardi.

Attention. Les subordonnées introduites par ***SINCE*** contiennent un prétérit (c'est dans la principale que se trouve le *present perfect)* :

Bill has been very happy since he left his job. Bill est très heureux depuis qu'il a quitté son travail.

Attention encore. En français, il y a deux emplois de *depuis*.

depuis dix ans (durée) → ***for ten years***

depuis mardi (point de départ) → ***since Tuesday***.

3 Indication de fréquence

Indique un nombre de fois ou la répétition, mais ne repère pas, et n'impose donc aucun temps. Il faut chercher les repères par ailleurs :

I have met the publisher once/twice.
I have often met the publisher.
I met the publisher once/twice last year. (repère du passé)
I often met the publisher last year. (repère du passé)

4 FOR et DURING : une différence importante

DURING sert à repérer, alors que ***FOR*** sert à mesurer :

Betty and Billy hitchhiked through Canada during the summer holidays. Betty and Billy ont fait du stop au Canada pendant les vacances.

(on ne sait pas combien de temps, il n'ont peut-être pas passé toutes les vacances à ça)

Betty and Billy hitchhiked through Canada for a few weeks. Betty and Billy ont fait du stop au Canada pendant quelques semaines.

(on ne sait pas quand)

On peut d'ailleurs les cumuler, pour plus de précision :

Betty and Billy hitchhiked through Canada for a few weeks during the summer holidays. Betty and Billy ont fait du stop au Canada pendant quelques semaines pendant les vacances.

Exercices

A. Traduisez : repère, mesure ou fréquence ? Faites attention aux repères qui vous obligent à choisir un temps.

1. Ce bâtiment est là depuis le Moyen-Age. 2. Elsie a vécu en Chine pendant dix ans. 3. Les nuages ont disparu après l'orage. 4. Tu as souvent mangé de la viande de cheval ? 5. Elsie vit en Californie depuis sept ans. 6. Tu as beaucoup maigri. 7. En Russie, je mangeais souvent du caviar. 8. Tout le monde savait la vérité depuis longtemps. 9. Il dépense beaucoup depuis qu'il a gagné à la loterie *[win the pools]*. 10. Mildred a vu le film quatre fois.

B. *For* ou *since* ? *Present perfect* ou prétérit ?

1. Bob <BE> in Japan ..... two years. He should come back soon. 2. Mildred <WORK> in Japan ..... two years before she got married. 3. Bob <BE> in Japan ..... last year. He should come back soon. 4. Fred <WORK> in a bank ..... years, then he got bored and became a sailor. 5. I only <BE> here ..... two days, and I'm leaving tomorrow.

C. *For* ou *during* ?

1. We spent several days in San Francisco ..... the summer. 2. In the desert, we drove ..... hours without seeing a living creature. 3. We stopped ..... a few minutes at a filling-station. 4. She slept ..... the lecture. 5. Our friends lived in Australia ..... ten years.

D. Les deux *il y a* (mais ce n'est jamais *there is*). Traduisez.

1. Ils se sont rencontrés il y a deux ans. 2. Il y a longtemps qu'ils se connaissaient. 3. Il y a un an qu'ils sont mariés. 4. Il y a trois semaines qu'ils habitent ici. 5. Il y a six mois, ils ont acheté une voiture. 6. J'ai dîné chez eux il y a quelques jours.

Test de niveau
Fiches 10 à 15

Vérifiez vos réponses à l'aide du corrigé p. 188 et comptabilisez vos points.

1 Forme simple ou forme *BE + -ING* ? Utilisez le présent, le prétérit, ou parfois l'infinitif.

1. I hope that you <KNOW> the name of the street. 2. He was stung by a bee while he <WALK> around the garden. 3. What's her job? – She <WRITE> for magazines. 4. The town now <HAVE> a population of 50,000. 5. The passengers <WATCH> a film when the plane began to fall. 6. They <BUY> a new car when their fifth child was born. 7. Why do you need the computer? – I <WRITE> a letter to the tax-collector. 8. They usually <READ> *The Guardian*. 9. What a lot of policemen! They must <LOOK> for the bank-robbers. 10. This noise <SOUND> funny.

Votre score ..../10

2 *Present perfect* ou prétérit ?

1. When he was five, Timmy <BELIEVE> in Santa Claus.
2. She <GET MARRIED> last year.
3. She finally <GET MARRIED>.
4. I'm afraid I <EAT> too many oysters.
5. Last Sunday, we <EAT> oysters.
6. It <RAIN> this morning.

Votre score ..../6

3 *FOR* ou *SINCE* ? *Present perfect* ou prétérit ?

1. He <BE> in prison ..... two years. He should come out soon. 2. He <BE> in prison ..... two years after the robbery. 3. He <BE> in prison ..... last year. 4. He <ROB> banks ..... years, then he repented and became a preacher. 5. I only <BE> here ..... two days, and I'm leaving tomorrow.

Votre score ..../5

4 *FOR* ou *DURING* ?

1. We spent a few days at the seaside ..... the holidays. 2. They drove ..... hours without seeing a human being. 3. He stopped ..... a few minutes. 4. She lived in Australia ..... World War 2. 5. Our friends lived in Australia ..... ten years.

Votre score ..../5

5 Prétérit ou *present perfect* ? Forme simple seulement.

1. Come quick, Aunt Agatha <ARRIVE>. 2. Uncle Arthur <LEAVE> us last week. 3. Our English cousin <GO BACK> to Manchester. 4. What a pity! She [fail] her exam. 5. She <LOSE> a lot of weight after her accident. 6. Sorry, Mrs Brown [go out] a few minutes ago. 7. She <LOSE> a lot of weight since her accident. 8. Sorry, Mrs Brown <GO OUT>.

Votre score ..../8

6 Prétérit simple ou *present perfect* (simple ou *BE + -ING*) ?

1. This shop <BE> here for a long time. 2. The <LIVE> in China since they graduated. 3. Oh, good, the clouds <DISAPPEAR>. 4. In Russia, you often <EAT> caviar? 5. The clouds <DISAPPEAR> after the storm. 6. What a nice smell! You <COOK> ? 7. The minister <KNOW> the truth for a long time. 8. You <WATCH> television for three hours now. 9. Who <DO> the dishes last night? 10. I'm exhausted, I <CLEAN> your room.

Votre score ..../10

7 Associez les séquences de gauche avec celles de droite.

1.

A. Ron smoked two packs a day	a. for years
B. Ron has smoked two packs a day	b. since last month
C. Ron has been smoking two packs a day	c. when he was in the army
	d. since he was eighteen

2.

A. Wanda has got that dress	a. for quite a while
B. Wanda has had that dress	b. since last year
C. Wanda got that dress	c. a few weeks ago
	d. at Harrods

Votre score ..../6

Score total : .... points × 2 = .../100

Appréciation du score :

90-100 : TRÈS BIEN **75-89 :** bien **60-74 :** honnête **40-59 :** médiocre
moins de 40 : nettement insuffisant

Les futurs

Fiche 16

1 Il y a plusieurs façons d'exprimer le futur

A. ***WILL*** **+ infinitif sans** ***to*** : réaction à une situation ou à une condition

the phone rings] I'll get it. Je vais décrocher / Je décroche.

If it rains, we'll go to the movies. ... nous irons au cinéma.

B. ***BE GOING TO*** : prévision d'après des indices ou forte certitude

Gertie is going to have a baby. Gertie va avoir un enfant.

C. Forme progressive : projet

I am taking the children to the dentist's this afternoon. J'emmène / Je vais emmener...

D. Forme simple : plan indépendant de la volonté individuelle

The plane lands at 8.35. L'avion atterrit à 8 h 35.

E. ***WILL BE DOING*** : annonce du déroulement futur des événements

Tomorrow, I'll be skiing in Megève. Demain, je skierai à Megève.

On trouve l'auxiliaire ***SHALL*** dans les questions à la première personne, mais en fait ce n'est pas un simple futur. On interroge quelqu'un sur ce qu'on doit faire, c'est une modalité (voir Fiche 20) :

Shall I get you an aspirin? Tu veux une aspirine ?

Let's go to the restaurant, shall we? On va au restaurant, tu veux bien ?

2 Choix du temps après *WHEN* et autres conjonctions

Quand ***WHEN*** est une conjonction de temps c'est-à-dire quand la subordonnée indique le moment où se passe l'événement décrit dans la principale, ***WILL*** est impossible :

Kenneth will marry Priscilla when he gets a good job.

Rapprochez ceci de la conjonction ***IF*** de condition :

Kenneth will marry Priscilla if he gets a good job.

Valable également pour ***AS SOON AS, DIRECTLY*** (= aussitôt que), ***THE MOMENT*** (= aussitôt que), ***THE MINUTE*** (= aussitôt que) :

I'll call them directly / the moment I get to the office. Je les appellerai dès que j'arriverai au bureau.

Par contre, avec les **interrogatifs** (*when, if,* etc.), directs ou indirects, ***WILL*** est possible :

When will you take me to the cinema?
How will you take me to the cinema?
Tell me when you'll take me to the cinema.
Tell me if you'll take me to the cinema.

Exercice

Choisissez le temps de la subordonnée. Méfiez-vous des deux emplois de *if* et de *when*.

1. The manager will see you as soon as he <BE> ready. 2. The store will open when the factory <DELIVER> the goods. 3. When the goods <BE DELIVERED>? 4. Can you tell me when the goods <BE DELIVERED>? 5. We will start production the moment you <CALL> us. 6. The store will make more profits when it <DISPLAY> a wider range of products. 7. Everybody wonders if the store <MAKE> a profit next year. 8. If the store <MAKE> a profit next year, the manager will get a bonus. 9. Everybody thinks the store will make more profit when it <GET> more display space. 10. Nobody knows when they <START> production.

Le conditionnel

Fiche 17

La forme du conditionnel est ***WOULD*** + infinitif sans ***to*** à toutes les personnes. Le conditionnel s'emploie dans la proposition principale, alors que dans la subordonnée conditionnelle (introduite par ***IF***), on emploie le prétérit. Ce prétérit indique quelque chose d'imaginaire et non quelque chose qui s'est produit dans le passé, on l'appelle **prétérit modal**.

Les phrases conditionnelles peuvent indiquer :

- une possibilité dans l'avenir :

  *If the president resigned, the prime minister **would become** president.*

- une situation imaginaire au moment présent, et donc irréelle :

  *If the president was younger, the prime minister **would have** no hope of becoming president.*

  *If I was on holiday, I **would be sunbathing**.*

- avec un infinitif parfait, une situation irréelle dans le passé :

  *If the president had resigned, the prime minister **would have become** president.*

Les prétérits ***COULD*** et ***WOULD*** (de ***CAN*** et ***WILL***) peuvent être employés comme conditionnels :

He could be the next president if his party won the nest election.

Les prétérits ***MIGHT*** et ***SHOULD*** (de ***MAY*** et ***SHALL***) sont toujours compris comme des conditionnels :

He might be elected, if the majority changed. Il se pourrait qu'il soit élu, si la majorité changeait.

You should be more careful. Tu devrais faire plus attention.

La forme ***WOULD*** + infinitif sans ***to*** peut aussi représenter un futur à partir du passé :

Everybody knew that Kenneth would marry Priscilla.

Dans ce cas, après ***WHEN*** et autres conjonctions de temps, il n'y a pas de ***WOULD*** :

Everybody knew that Kenneth would marry Priscilla when he got a good job. Tout le monde savait que Ken épouserait Priscilla quand il aurait un emploi stable.

Exercice

Traduisez ces phrases qui contiennent des conditionnels français.

1. Si tout le monde approuvait le projet, nous pourrions commencer la fabrication *[production]* bientôt. 2. Si nous avions mieux connu la conjoncture *[situation]*, nous n'aurions pas commencé la fabrication. 3. Tu pourrais lui offrir *[give]* des fleurs, si tu étais sûr qu'elle les aime. 4. Il aurait été très malheureux si elle n'était pas venue. 5. S'il l'avait invitée *[ask]* au restaurant, elle aurait acheté un nouvel ensemble *[outfit]*. 6. Si j'étais écossais, je porterais un kilt. 7. Je serais parti plus tôt si ma voiture avait démarré. 8. Si tu y allais en voiture, tu arriverais plus vite. 9. Ils m'ont dit que le directeur me verrait dès qu'il serait prêt. 10. Personne ne savait si la marchandise serait livrée à temps.

Auxiliaires de modalité : caractéristiques

Fiche 18

1 Les auxiliaires de modalité sont :

CAN (prétérit : ***COULD***)
WILL (prétérit : ***WOULD***)
MUST (pas de prétérit)
MAY (prétérit : ***MIGHT***)
SHALL (prétérit : ***SHOULD***)
NEED (pas de prétérit)

- Ils n'ont pas d'infinitif, ni de participe passé.
- Ils ne prennent pas de terminaison ***-s*** à la 3e personne du singulier du présent.
- Ils portent directement la négation (c'est normal, en tant qu'auxiliaires).
- Ils sont suivis de la base verbale (infinitif sans *to*).

On leur associe ***HAVE TO*** + infinitif, qui est parent par son sens mais qui est lui un verbe normal.

Need est aussi par ailleurs un verbe normal : ***He doesn't need your help***.

Les auxiliaires de modalité servent à exprimer le point de vue de l'énonciateur sur l'événement. Pour chaque auxiliaire modal, on distingue deux types de modalité :

A. Modalité de phrase. La personne qui parle évalue les chances de réalisation de l'événement, par exemple :

> ***She must be American.***
> Elle est sûrement américaine. [presque certitude]
>
> ***She may be American.***
> Elle est peut-être américaine. [il y a des chances pour qu'elle le soit, mais aussi pour qu'elle ne le soit pas]

Les modalités de phrase sont des jugements portés au moment où l'on parle sur un événement qui peut être présent, passé ou futur. Pour exprimer qu'une modalité de phrase porte sur du passé, c'est le verbe qui est à l'infinitif parfait (***HAVE*** + participe passé) :

> ***Some foreign power must have heard about our plans.*** Une puissance étrangère a dû entendre parler de nos projets.

B. Modalité du sujet : il s'agit des cas d'obligation, de permission, c'est-à-dire des cas où l'énonciateur dit que, **de son point de vue**, le sujet de la phrase possède une capacité, ou est soumis à une obligation, ou reçoit une permission.

> ***This horse can run very fast.*** Ce cheval peut courir très vite.
>
> ***You must read this book.*** Il faut que tu lises ce livre.
>
> ***May I leave now, please?*** Est-ce que je peux partir maintenant, s'il vous plaît ?

MUST, NEED, CAN et MAY

Fiche 19

1 *MUST*

A. Modalité de phrase : presque certitude (bien que la personne qui parle ne sache pas exactement ce qu'il en est) :

She must be American. Elle doit être américaine.

She must have missed her train. Elle a dû rater son train.

Négation : ***MUST*** (dans ce sens) ne se met généralement pas à la forme négative. La presque certitude négative s'exprime par ***CAN'T*** :

Judging by her accent, she can't be American. À son accent, elle ne doit pas être américaine.

B. Modalité du sujet : obligation

You must read this book. Tu dois lire ce livre. / Il faut que tu lises ce livre.

Négation : interdiction (obligation de ne pas faire)

You mustn't smoke so much. Il ne faut pas que tu fumes autant.

Mais si on nie l'obligation, on emploie ***NEEDN'T*** :

You needn't tell her everything. Tu n'es pas obligé de tout lui dire.

HAVE TO n'est pas un auxiliaire de modalité par la forme, mais il en est proche par le sens. Il exprime une obligation qui ne vient pas de l'énonciateur. Comparez :

He must give the money back. Il faut qu'il rende l'argent. (parce que moi, je trouve que c'est ce qu'il faut faire)

He has to give the money back. Il est obligé de rendre l'argent. (je constate qu'il est soumis à cette obligation)

Négation : ***DON'T HAVE TO*** nie l'obligation

You don't have to tell her everything. Tu n'es pas obligé de tout lui dire.

2 *MAY*

A. Modalité de phrase : il y a des chances = peut-être, (incertitude)

He may be happy with her, one never knows. Il est peut-être heureux avec elle, on ne sait jamais. / Il se peut qu'il soit heureux...

She may have missed the train. Peut-être qu'elle a raté le train.

Négation : la négation porte sur ce qui suit l'auxiliaire :

He may not be happy with her. Peut-être qu'il n'est pas heureux avec elle.

B. Modalité du sujet

1. Permission (presque uniquement dans les questions à la 1re personne) :

May I smoke here? Est-ce que je peux fumer ici ?

Souvent remplacé par ***CAN***.

Négation : ***MAY NOT*** est peu utilisé et est remplacé par ***CAN'T*** :

You can't smoke in here.

2. Possibilité qui est accordée :

(sur une cafetière électrique) *The safety cut-out may be reset manually.* L'interrupteur de sécurité peut être remis à zéro manuellement. (emploi fréquent dans les textes scientifiques et techniques)

3 NEED

Surtout employé à la forme négative (pour contredire ***MUST***).

- Comme modalité du sujet, pour nier l'obligation (voir ***MUST***).

Un cas spécial :

You needn't have bought all those tomatoes. Ce n'était pas la peine d'acheter toutes ces tomates (on dit maintenant que l'obligation n'existe pas, mais ça s'est déjà fait).

- Comme modalité de phrase, pour nier la presque certitude (et donc exprimer une incertitude) :

He needn't be guilty because he was on the spot. Il n'est pas forcément coupable parce qu'il était sur les lieux. / Ce n'est pas parce qu'il était sur les lieux qu'il est forcément coupable.

4 CAN

A. Modalité de phrase (uniquement avec la négation ou dans les questions), une forte probabilité négative (voir ***MUST*** **A.**) :

He can't have seen the traffic lights. Il n'a pas dû voir les feux.

Averell can't be the man you're looking for. Il est impossible qu'Averell soit l'homme que vous recherchez.

Cet emploi de ***CAN'T*** correspond en français aussi bien à *ne peut pas* que *ne doit pas.*

B. Modalité du sujet

À la forme affirmative, ***CAN*** est toujours une modalité du sujet.

1. Capacité, caractéristique :

He can speak German perfectly. Il sait parler l'allemand parfaitement.

This computer can switch itself off. Cet ordinateur peut s'éteindre tout seul.

Négation :

He can't speak German properly. Il ne sait pas bien parler allemand.

2. Permission

You can go now. Vous pouvez partir maintenant. (l'énonciateur donne le choix)

Négation :

You can't go at once. (vous n'avez pas le choix)

RÉSUMÉ

• Modalités du sujet

obligation

Jim must read that book.
Il faut que Jim lise ce livre.

Jim has to read that book.
Jim est obligé de lire ce livre.

permission

Jim can/may read that book.
Jim peut / a le droit de lire ce livre.

absence de permission

Jim can't read that book.
Jim n'a pas le droit...

absence d'obligation

Jim neednt read that book.
Jim doesn't have to read that book.
Jim n'est pas obligé de...

interdiction (obligation de ne pas)

Jim mustn't read that book.
Il ne faut pas que Jim lise ce livre.

• Modalités de phrase

fortes chances que oui

Jim must have read that book.
Jim a dû lire ce livre.

des chances que oui

Jim may have read that book.
Il se peut que Jim ait lu ce livre.
Jim a pu lire ce livre.

des chances que non

Jim may not have read that book.
Il se peut que Jim n'ait pas lu ce livre.
Jim a pu ne pas lire ce livre.

fortes chances que non

Jim can't have read that book.
Jim n'a pas dû lire ce livre.

SHALL et WILL

Fiche 20

SHALL et ***WILL*** allient souvent modalité de phrase et modalité du sujet, indiquant de fortes chances de réalisation d'un événement dans le futur (prédiction), d'où l'emploi de ***WILL*** comme auxiliaire du futur (voir Fiche 16).

1 SHALL

Prédiction, obligation ou fort engagement, dans un style très soutenu :

The act shall have effect from January 1st. La loi entrera en vigueur au premier janvier.

We shall overcome. Nous vaincrons. (paroles d'un chant militant : il est inévitable que nous vainquions)

En style courant, dans les questions à la 1re personne :

Shall I get you an aspirin? Tu veux que je t'apporte une aspirine ? (= est-ce que je dois ?)

2 WILL

A. Modalité de phrase

1. Simple futur (voir Fiche 16), prédiction de ce qui va se passer :

They will get there before night. Ils y arriveront avant la nuit.

2. Quasi-certitude

A letter from Brazil? That will be Fernando. Une lettre du Brésil ? Ça, c'est Fernando, à coup sûr.

B. Modalité du sujet

1. Volonté, dans les questions ou à la négation

Will you wait here for a moment, please? Voulez-vous patienter ici un instant, s'il vous plaît ?

"John, you wash the dishes". "No, I won't." John, tu fais la vaisselle. – Je refuse. / Je ne veux pas.

Will you shut up? Tu vas te taire ? / Veux-tu bien te taire ?

2. Caractéristique

A Rhine wine will kill a delicate claret, you know that. Un vin du Rhin tue un bordeaux délicat, vous savez ça.

Exercices

A. Traduisez en français, en faisant attention à l'ordre des auxiliaires.

1. Il a dû oublier. *[must]* 2. Elle a pu se tromper *[may]* 3. Il se peut qu'elle soit arrivée. *[may]* 4. Tu aurais pu me le dire. *[might]* 5. Il doit pouvoir venir se soir. *[must]* 6. Il doit être arrivé. *[must]*

B. Reformulez les phrases anglaises suivantes en employant un auxiliaire de modalité (modalité de phrase uniquement).

1. Hilda will probably be appointed. 2. Brian was certainly the best person for the job. 3. Certainly Hilda knew that she would be interviewed. 4. It is possible that Brian did not apply early enough. 5. Brian forgot to send a handwritten letter. That's incredible. 6. Perhaps Hilda knows the manager.

C. Contredisez la phrase.

(a) **modalité de phrase uniquement**

1. He may be right. 2. That must be the truth. 3. She must have left before the end. 4. He can't have got up very early. 5. She may have got there first.

(b) **modalité du sujet uniquement**

1. You may use the copier in my office. 2. You must send all the letters before 12. 3. He can't use that new computer very well. 4. If he wants to use the copier, he has to ask first. 5. You needn't tell the boss everything you hear. 6. You must be at the office before 9.

D. À partir de ces phrases affirmatives, exprimez soit une interdiction, soit une absence d'obligation, selon ce qui paraît le plus vraisemblable. Il peut y avoir deux solutions (de sens radicalement différent, bien sûr).

1. You must read all the books on this list. 2. The passengers have to go through customs before they leave the airport. 3. The store has to pay for the goods before they are delivered. 4. New buildings have to observe the regulations. 5. Animals must be treated roughly. 6. You must protect your skin against radiations. 7. Glassware must be handled with care. 8. She has to be there before five.

Exercices

E. Traduisez. Employez un auxiliaire de modalité dans tous les cas, même si la formulation est différente en français.

(a) 1. Peut-être qu'il faudra qu'on arrête tout. 2. Jo peut courir plus vite que Elmer. 3. Sandy a pu oublier. 4. Keith peut rester plusieurs jours sans manger. 5. Sandy n'a pas pu oublier. 6. Keith peut préférer rester chez lui, après tout. 7. Edward n'a pas pu se tromper tout le temps. 8. Edward a pu faire plusieurs erreurs.

(b) 1. Il faut que tu prennes une décision. 2. Ce n'était pas la peine que nous nous réunissions. 3. Il ne faut pas décider trop vite. 4. Ça ne doit pas être très difficile. 5. Ce n'était pas la peine que tu viennes à la réunion. 6. Il a dû être indigné.

Auxiliaires de modalité : le prétérit et comment exprimer le passé

Fiche 21

1 Les formes de prétérit des auxiliaires de modalité

MIGHT et ***SHOULD***, qui sont des formes de prétérit, ne peuvent pourtant pas exprimer le passé. Ce sont toujours des prétérits **modaux.**

It might rain this afternoon. Il se pourrait qu'il pleuve cet après-midi.

COULD par contre a un double fonctionnement, comme prétérit modal ou comme prétérit temporel :

When he was younger, Kenneth could run faster than anyone. (prétérit temporel, français *pouvait*)

I'm very busy, but I could see you tomorrow. (prétérit modal, français *pourrais*)

MUST n'a pas de prétérit. (voir **4**).

2 Emploi du prétérit des auxiliaires de modalité

Les sens sont les mêmes que pour les formes de présent.

• ***MIGHT***

Modalité de phrase seulement : incertitude

If they give him too much work, he might resign. Il se pourrait qu'il démissionne. (incertitude)

À la 2e personne, valeur de suggestion (on avance une possibilité, à l'autre de faire ce qu'il veut) :

You might take a taxi, it's quicker. Tu pourrais prendre un taxi, ça va plus vite.

Négation : elle porte sur ce qui suit ***MIGHT***.

He might not resign after all. Finalement, il se pourrait qu'il ne démissionne pas.

• ***COULD***

A. Modalité de phrase = peut-être

I feel slightly sick. It couldn't be the oysters, could it? J'ai une légère nausée, est-ce que ça pourrait être les huîtres ?

Avec la négation = il est inconcevable

Elsie couldn't have known about the money unless she was told. Il n'est pas possible qu'Elsie ait été au courant pour l'argent, à moins que quelqu'un lui en ait parlé.

B. Modalité du sujet : capacité, caractéristique

She could drive very fast, even on icy roads. Elle pouvait/savait conduire très vite, même sur des routes verglacées. (temporel)

She could drive much faster, but she has decided to be careful. Elle pourrait conduire beaucoup plus vite, mais elle a décidé d'être prudente. (modal)

Bien distinguer ***COULD*** (sens passé) et ***WAS ABLE*** :

When he was younger, Brian could eat a lot. Quand il était jeune, Brian pouvait manger beaucoup.

Brian was able to eat six sausages in a row at the party. (capacité réalisée à un moment précis) Il a pu manger six saucisses de suite.

- ***SHOULD***

A. Modalité de phrase : quasi-certitude (mais plus faible que *must*)

It's a nice present, she should be pleased. Elle devrait être contente.

It shouldn't be too difficult to get the code number. Ça ne devrait pas être trop difficile de se procurer le code.

B. Modalité du sujet : obligation / interdiction atténuée

You should be more careful. Tu devrais faire plus attention.

He shouldn't drive without his safety belt. Il ne devrait pas conduire sans sa ceinture de sécurité.

C. Dans certaines subordonnées, ***SHOULD*** est employé sans qu'on doive lui donner un sens :

Funny you should say that. C'est drôle que tu dises ça.

Bien que ***SHOULD*** soit un prétérit modal (exprimant l'imaginaire), il ne peut pas servir pour les vrais conditionnels, et on emploie alors ***WOULD HAVE TO*** :

If the rent went up again, we would have to move. Si le loyer augmentait encore, nous devrions / serions obligés de déménager.

En général ***OUGHT TO*** est proche du sens de ***SHOULD*** :

You ought to be more careful. Tu devrais faire plus attention.

Pourtant ***OUGHT TO*** ne peut pas remplacer ***SHOULD*** dans le cas **C.** qui vient d'être mentionné.

- ***WOULD***

Modalité du sujet essentiellement :

A. Caractéristique. C'est le ***WOULD*** (appelé parfois forme fréquentative), que l'on trouve de façon très courante dans des contextes passés pour indiquer qu'un événement se répétait :

[dans cette citation, l'auteur évoque ses souvenirs d'enfance dans le Sud des États-Unis] *We had a group prayer each night. Daddy, Mama and I would gather in the tiny living room. My grandfather would give thanks for rain, and then he would ask for the blessing of peace.*

Chaque soir, nous avions une prière en commun. Papa, Maman et moi, nous nous réunissions dans la petite salle de séjour. Mon grand-père adressait des remerciements pour la pluie, puis il demandait la bénédiction de la paix.

B. Volonté (questions et négation)

Would you call me a taxi? Vous voulez bien m'appeler un taxi ? (prétérit modal)

Everybody asked him to resign, but he wouldn't. Tout le monde lui a demandé de démissionner, mais il a refusé. (prétérit temporel)

WOULD est par ailleurs utilisé pour le conditionnel (voir Fiche 17).

On peut mentionner ici les expressions ***WOULD RATHER*** (sens de préférence) et ***HAD BETTER*** (sens de contrainte), qui relèvent des modalités du sujet :

I am not very fond of dogs, I'd rather have a cat. Je n'adore pas les chiens, je préfèrerais un chat.

You'd better get a dog, they're better company. Tu ferais mieux de prendre un chien, c'est une meilleure compagnie.

3 Les deux sens de *MIGHT*, *COULD*, *SHOULD* + infinitif parfait.

Méfiez-vous de l'ambiguité de ces formes, elles expriment :

- soit **(a)** l'incertitude, plus ou moins forte,
- soit **(b)** une idée contraire à la réalité.

(a) *The burglars might have escaped through this window, what do you think?* Les cambrioleurs pourraient s'être échappés... (Ce n'est qu'une hypothèse)

(b) *You've been very lucky, your jewels might have been stolen.* Vos bijoux auraient pu être volés. (heureusement, ce n'est pas le cas)

(a) *Turn on the radio. Our team should have won, but I want to make sure.* Notre équipe devrait avoir gagné... (j'en suis presque sûr, mais je ne sais pas vraiment)

(b) *Our team should have won, but they were shamefully treated by the referee.* Notre équipe aurait dû gagner... (ils ont perdu, à cause de l'arbitre)

Ne pas oublier que les modalités de phrase sont des jugements portés au moment où l'on parle sur un événement qui peut être présent, passé ou futur. L'auxiliaire de modalité peut alors avoir une forme de présent ou de prétérit, mais même quand il est au prétérit il n'a pas le sens passé.

Some foreign power may/might hear about our plans. Il se peut/pourrait qu'ils découvrent (événement futur)

Pour exprimer que l'événement sur lequel porte une modalité de phrase est dans le passé, on emploie l'infinitif parfait (*have* + participe passé) du verbe :

Some foreign power may/might have heard about our plans. Il se peut/pourrait qu'ils aient découvert... (événement passé)

4 Comment exprimer les modalités du sujet au passé ?

Puisque ***MIGHT*** et ***SHOULD*** ne sont pas des prétérits temporels et que ***MUST*** n'a pas de prétérit, on est amené à utiliser beaucoup d'équivalents, qui ne sont pas « modaux » puisqu'ils **expriment des faits** et non des jugements.

Le tableau qui suit donne les termes utilisables au passé.

OBLIGATION *had to* **OBLIGATION DE NE PAS (= INTERDICTION)** *was not supposed to* *was forbidden to* *was not allowed to*	**ABSENCE D'OBLIGATION** *didn't have to*
ABSENCE DE PERMISSION *couldn't*	**PERMISSION** (a) réalisée *was allowed to* (b) non réalisée *could*
ABSENCE DE CAPACITÉ *couldn't*	**CAPACITÉ** (a) réalisée *was able to* (b) non réalisée *could*

Exercices

A. En utilisant *SHOULD* ou *MIGHT* (et éventuellement la négation), exprimez les chances de réalisation en fonction du contexte donné.

1. It isn't very far, Eddy ..... get there before five. 2. It isn't very far, the drive ..... take me more than half an hour. 3. I always buy a lotto ticket, I ..... become a millionaire some day. 4. The morning will be cloudy and it ..... rain during the afternoon. 5. You ..... enjoy that show, just your style. 6. If I get out early, we ..... go to the movies.

B. Associez les phrases anglaises aux phrases françaises. Il n'est pas dit qu'elles servent toutes (ni même qu'elles soient toutes correctes).

1. Il a dû acheter une voiture.
2. Il a pu acheter une voiture.
3. Il se pourrait qu'il ait acheté une voiture.

a. He might have bought a car.
b. He had to buy a car.
c. He must have bought a car.
d. He may have bought a car.
e. He should have bought a car.
f. He was able to buy a car.
g. He can have bought a car.

C. Traduisez. Les auxiliaires peuvent être au présent ou au prétérit, mais aussi il faut parfois utiliser des termes de substitution.

1. Vous avez dû vous tromper. 2. J'ai dû changer la pile. 3. C'était risqué, il aurait pu tout perdre. 4. S'il était en forme *[fit]*, il pourrait gagner facilement. 5. Est-ce qu'il a pu voir tout le film ? 6. Il fallu qu'il parte avant la fin. 7. Il n'a pas dû voir le feu rouge. 8. Si tu avais jeté les livres, tu aurais dû en acheter d'autres. 9. Il aurait pu passer la nuit à Londres, mais il a préféré rester. 10. Ils auraient dû être plus prudents.

D. Choisissez entre *WOULD RATHER* (préférence) et *HAD BETTER* (contrainte).

1. Brian .... work more, or he will fail. 2. It's rather cold, you .... put on a warm coat. 3. If you don't mind, I .... have an early dinner. 4. It's going to be a long meeting, I .... drink some coffee beforehand. 5. I know you .... watch television, but you .... do your homework first. 6. I .... go by train, it's safer than driving.

Les adverbes

Fiche 22

Les adverbes accomplissent un grand nombre de tâches, par exemple : préciser le point de vue de l'énonciateur (*Maybe the shop is closed*), indiquer la fréquence (*We often go to the theatre*) ou la manière (*They inspected the car carefully*).

Il est important de bien placer les adverbes, leur position étant souvent différente de celle des adverbes français. Un principe fondamental :

Un adverbe ne doit jamais séparer le verbe de son complément d'objet quand celui-ci est un nom (mais c'est possible quand c'est une subordonnée).

1 Adverbes de modalité : *MAYBE, PERHAPS, PROBABLY*

MAYBE *et* ***PERHAPS*** se placent en tête, suivis de la proposition dans son ordre normal :

Maybe she doesn't like champagne. Peut-être qu'elle n'aime pas le champagne. / Peut-être n'aime-elle pas le champagne.

PROBABLY, etc. peuvent aussi se placer en tête, mais aussi juste devant le verbe :

Probably, she doesn't like champagne. / She probably doesn't like champagne. Elle n'aime probablement pas le champagne.

2 Adverbes de fréquence

Position juste avant le verbe :

She often/rarely drinks champagne. Elle boit souvent/rarement du champagne.

3 Adverbes de manière

Position finale, après le complément quand il y en a un :

She drank her champagne quickly. Elle a bu rapidement son champagne.

He speaks German badly. Il parle mal l'allemand.

4 Adverbes négatifs et « semi-négatifs »

Position juste avant le verbe :

She never drinks champagne. Elle ne boit jamais de champagne.

I hardly know him. Je ne le connais pratiquement pas. /Je le connais à peine.

Rappelez-vous que ***NEVER*** (et *not* aussi) se placent avant le *to* de l'infinitif :

She has promised never to drink champagne. Elle a fait la promesse de ne jamais boire de champagne.

Bien sûr, un adverbe négatif empêche qu'il y ait une autre négation ensuite :

She never drinks any spirits. Elle ne boit jamais aucun alcool.

She scarcely drank any champagne. Elle a à peine bu de champagne.

Exercices

A. Placez l'adverbe dans la phrase.

1. Maggie stayed at home.	maybe
2. Elmer likes music.	a lot
3. Leonard watches TV.	never
4. Leonard doesn't like music.	a lot
5. Elmer likes music.	certainly
6. Maggie stayed at home.	probably
7. Leonard watches TV.	often
8. Maggie works hard.	still
9. Jimmy plays the flute.	badly
10. Leonard works.	scarcely

B. Traduisez.

1. Phil écoute souvent de la musique indienne. 2. Emma rencontre parfois Ralph au restaurant. 3. Lisez attentivement la notice *[instructions]*. 4. Elsa parle très bien l'allemand. 5. Chris ne parle jamais anglais. 6. Hier David ne savait pas bien sa leçon. 7. N'utilisez pas trop souvent ce médicament. 8. Hier, Tim n'a presque pas touché à son repas.

Quelques adverbes à surveiller

Fiche 23

1 STILL, YET, NO LONGER

Jimmy is still in bed. *Jimmy is no longer in bed.*
Jimmy est encore au lit. Jimmy n'est plus au lit.

Is Jimmy still in bed?
Est-ce que Jimmy est encore au lit ?

Jimmy is not up yet.
Jimmy n'est pas encore levé.

Jimmy is still asleep. *Jimmy isn't asleep any more.*
Jimmy dort encore. Jimmy ne dort plus.

Ne confondez pas ***STILL*** = continuation et ***AGAIN*** = répétition :

Jimmy is still watching television. Jimmy regarde encore la télévision. (= continue de regarder)

Jimmy is watching television again. Jimmy regarde encore la télévision. (= regarde à nouveau)

2 ELSE, MORE

ELSE = autre, au sens de « différent »

something else quelque chose d'autre

What else? Quoi d'autre ?

MORE = autre, au sens de « plus »

something more quelque chose de plus/d'autre

a few more quelques autres (en plus)

two more deux de plus

3 Particules adverbiales : *TAKE OFF YOUR COAT. / TAKE IT OFF.*

Des termes comme ***UP, OFF, OVER, ON*** (particules adverbiales) s'ajoutent à un verbe et en modifient plus ou moins profondément le sens, on a alors un verbe à particule (*phrasal verb*).

Bring up your books. Apporte / monte tes livres. (modification évidente)

Look up. Regarde en l'air. (modification évidente)

Look up that word. Cherche ce mot dans le dictionnaire. (modification imprévisible)

La particule a souvent (mais pas toujours) deux positions possibles :

Switch off that light. *Switch that light off.*
Éteins cette lampe.

MAIS attention, quand le complément est un pronom personnel, la particule vient toujours à la fin :

Switch it off.

Ne confondez pas les particules et les prépositions (ce sont parfois les mêmes mots)

Switch on the light.	*Switch it on.* (particule)
Allume la lumière.	Allume-la.
Climb on the roof.	*Climb on it.* (préposition)
Monte sur le toit.	Monte dessus.

Exercices

A. Traduisez.

1. Tu crois encore au Père Noël ? 2. C'est inquiétant, le capitaine ne boit plus de whisky. 3. Je ne crois plus au Père Noël. 4. Mes cadeaux ne sont pas encore arrivés. 5. Ne vous inquiétez pas, le capitaine boit encore du whisky. 6. J'ai ré-essayé de téléphoner, mais cet appareil ne fonctionne plus. 7. Quoi, le capitaine boit encore du whisky ? C'est son cinquième verre. 8. La bouteille n'est pas encore vide.

B. Transformez en pronom le groupe nominal en gras.

1. Turn on **the TV**. 2. Walk into **my office**. 3. Turn down **the volume**. 4. Put on **your cap**. 5. Fill up **the tank** *[réservoir]*. 6. Put down **that gun**. 7. I've just come across **the most fabulous restaurant**. 8. Jump over **the fence**. 9. Don't stand on **that chair**. 10. Walk down **that street**. 11. Eat up **your pudding**. 12. That bad flu has told **on Elmer**.

Test de niveau
Fiches 16 à 23

Vérifiez vos réponses à l'aide du corrigé p. 191 et comptabilisez vos points.

1 **Traduisez en français, en faisant attention à l'ordre des auxiliaires.**

1. Il a dû oublier. <MUST> 2. Il se peut qu'elle soit arrivée. <MAY> 3. Tu aurais pu me le dire. <MIGHT> 4. Il doit pouvoir venir se soir. <MUST> 5. Il doit être arrivé. <MUST>

Votre score ..../5

2 **Choisissez le temps de la subordonnée, présent ou *WILL* + infinitif, prétérit ou *WOULD* + infinitif.**

1. We'll have dinner as soon as it <BE READY>. 2. The car will be ready when you <COME BACK>. 3. I can't tell you if the car <BE READY> tomorrow. 4. They'll buy a new car when they <HAVE> the money. 5. We'll call you as soon as we <GET> the letter. 6. I don't know when the book <BE PUBLISHED>. 7. They planned to buy a new car when they <HAVE> the money. 8. We asked them when they <PAY> the money back.

Votre score ..../8

3 **Introduisez des conditionnels.**

1. If the weather <IMPROVE> tomorrow, we <GO> to the seaside.
2. If I <READ> this magazine before, I <NOT BUY> this car.
3. If you <HAVE> a bicycle, you <CAN GET> to work much faster.
4. If they <CAN LEAVE> tomorrow, they <WILL>.
5. If they <NOT GO> to Las Vegas last summer, they <NOT SPEND> so much money.

Votre score ..../5

4 **Reformulez les phrases anglaises suivantes en employant un auxiliaire de modalité (modalité de phrase uniquement).**

1. Certainly, Tina knew that smoking was forbidden. 2. It is possible that Tina didn't know that smoking was forbidden. 3. The Masked Avengers were probably the best group at the concert. 4. Perhaps she is right afer all. 5. It is probable that the fire started in the kitchen.

Votre score ..../5

5 **Contredisez la phrase.**

(a) modalité de phrase uniquement

1. They may be abroad. 2. She must be over 20. 3. I must have forgotten my keys. 4. They can't have lost the key. 5. It may have been an accident.

(b) modalité du sujet uniquement

1. You may use the manager's office when he is out. 2. You must calculate all the results. 3. They have to borrow the money. 4. She needn't type all the letters. 5. You must be there before 10.

Votre score ..../10

6 En utilisant *SHOULD* ou *MIGHT* (et aussi la négation si nécessaire) exprimez les chances de réalisation en fonction du contexte donné.

1. The sun is very warm, the snow ..... melt this afternoon. 2. The shop is only round the corner, he ..... be long. 3. I know he's very good, but still he ..... lose the match. 4. Some day, we ..... win a large sum of money, who knows? 5. It's a very good film, you ..... like it.

Votre score ..../5

7 Associez les phrases anglaises aux phrases françaises. Il n'est pas dit qu'elles servent toutes (ni même qu'elles soient toutes correctes).

1. Il a dû partir plus tôt.	a. He might have left earlier.
	b. He had to leave earlier.
2. Il a pu partir plus tôt.	c. He must have left earlier.
	d. He may have left earlier.
3. Il se pourrait qu'il soit parti plus tôt.	e. He should have left earlier.
	f. He was able to leave earlier.
	g. He can have left earlier.

Votre score ..../3

8 Choisissez entre *WOULD RATHER* (préférence) et *HAD BETTER* (contrainte).

1. He .... hurry, or he's going to be late. 2. It's raining hard, you .... take a raincoat. 3. I know he .... go by plane, but it's too expensive. 4. You .... take my car, I don't think yours is safe.

Votre score ..../4

9 Placez l'adverbe dans la phrase.

1. They enjoy that noise. <maybe> 2. Maggie likes chocolate. <certainly> 3. Maggie likes chocolate. <a lot> 4. They enjoy that noise. <probably> 5. We watch television. <never>

Votre score ..../5

Score total : .... points × 2 = .../100

Appréciation du score :

90-100 : TRÈS BIEN **75-89 :** bien **60-74 :** honnête **40-59 :** médiocre
moins de 40 : nettement insuffisant

SECTION 3

LE GROUPE NOMINAL

Présentation
Individualiser, compter, décrire

Le groupe nominal permet de mentionner des êtres, des objets, des matières, des idées, et même des actions.

Le centre d'un groupe nominal est un nom qui, par lui-même, ne représente que l'idée qu'on a de quelque chose. Pour vraiment mettre en scène ce que représente le nom, l'énonciateur ajoute des déterminants qui précisent déjà la nature dénombrable ou indénombrable :

> ***I like rabbits.*** J'aime les lapins (animaux vivants).
>
> ***I like rabbit.*** J'aime le lapin (nourriture).

L'énonciateur précise aussi si ce dont il parle est connu ou non :

> ***I've seen the rabbit.*** [il faut qu'il soit déjà connu des interlocuteurs]

D'autres déterminants précisent la quantité, de façon plus ou moins objective :

> ***I've seen a few rabbits.*** (quantité subjective)
>
> ***I've seen three rabbits.*** (quantité objective)

Le groupe nominal peut devenir très riche en ajoutant des adjectifs, des génitifs, des propositions relatives et des groupes prépositionnels qui précisent les caractéristiques du nom central :

> ***the two small blue Chinese carpets in the bedroom***
> dét / adjectifs / nom / groupe prépositionnel
>
> ***the minister's political advisers who took that decision.***
> génitif / adjectif / nom / relative

Fiche 24

Pronoms et genre

1 Genre des noms (masculin, féminin, neutre)

Les noms sont soit masculins, soit féminins, soit neutres en correspondance presque exacte avec la réalité :

genre	**sexe**		
MASCULIN	mâle	*boy*	*he*
FÉMININ	femelle	*girl*	*she*
NEUTRE	non sexué	*car*	*it*

Presque toujours, le genre n'est pas indiqué sur le nom lui-même et c'est seulement quand il y a un pronom qui reprend le nom que le problème se pose. Il existe quand même un certain nombre de mots qui indiquent le genre (et le sexe) par eux-mêmes :

mot différent	*brother*	*sister*
	cock	*hen*
suffixe	*waiter*	*waitress*
	policeman	*policewoman*

Mais attention la plupart des noms désignant des humains ne précisent rien : ***student, doctor, secretary, nurse, shop assistant***.

A student asked Pr Brown if she could leave before the end of the term.

Une étudiante a demandé au professeur Brown si elle pouvait partir avant la fin du trimestre.

Il est fréquent de reprendre un nom de ce type (et aussi ***SOMEONE***) par ***THEY/THEM*** quand il est impossible de préciser le sexe :

If a student / someone phones, tell them I'll be back at five.

Si un étudiant / quelqu'un téléphone, dis lui que je rentrerai à cinq heures.

Attention encore plus à ***PERSON***, qui est repris par ***HE*** ou ***SHE*** (ou encore ***THEY***) selon le cas.

Les objets sont bien sûr neutres (attention à l'influence du français). Les animaux et les petits enfants sont considérés soit comme neutres (***IT***) soit comme sexués (***HE/SHE***) selon ce qu'on sait ou ce que l'on souhaite préciser.

2 Tableau des pronoms personnels et possessifs

	sujet	complément	possessifs	
			génitif 1	génitif 2
Singulier				
1re personne	*I*	*me*	*my*	*mine*
2e personne	*you*	*you*	*your*	*yours*
3e personne				
masculin	*he*	*him*	*his*	*his*
féminin	*she*	*her*	*her*	*hers*
neutre	*it*	*it*	*its*	*
Pluriel				
1re personne	*we*	*us*	*our*	*ours*
2e personne	*you*	*you*	*your*	*yours*
3e personne	*they*	*them*	*their*	*theirs*

Exemples d'emploi :

Je l'ai vue. *I saw her.*

Elles nous ont félicité(e)s. *They congratulated us.*

On voit que le problème du genre ne se pose qu'à la 3e personne du singulier.

Pour marquer l'insistance ou le contraste, pas de formes spéciales, on se contente d'accentuer :

Je le leur ai donné à eux. *I gave it to THEM.*

Les **possessifs** ont le genre du nom qu'il représentent et ne s'accordent absolument pas avec le nom qu'ils précèdent :

I have seen Maggie. Her father is furious. J'ai vu Maggie. Son père est furieux.

Quand il y a plusieurs possesseurs et un objet possédé par possesseur (donc plusieurs objets possédés), le nom est au pluriel :

The two dogs wagged their tails when they heard their master. Les deux chiens ont agité la queue en entendant leur maître.

Les pronoms possessifs de génitif 2 permettent en même temps de représenter le possesseur et de tenir la place du possédé dans la phrase (mais on ne tient pas compte des caractéristiques de ce dernier) :

You know Priscilla? This bike is hers. Tu connais Priscilla ? Ce vélo, c'est le sien. / Ce vélo est à elle.

Exercices

A. Quel(s) pronoms(s) faut-il employer pour reprendre les mots qui suivent ?

friend	baby	cow
doctor	actress	window
giraffe	student	president
bicycle	dog	person

B. Insérez un pronom qui convienne (il peut y avoir plusieurs possibilités).

1. Who are .....? I'd like to know ..... name. 2. See that girl over there? Do you know ..... name? 3. If John needs the money, give ..... back to ..... 4. If John has to pay his rent, give ..... back ..... money. 5. I've fed the cat, I gave ..... some sardines. 6. I know Brian pretty well, but I haven't met ..... wife. 7. We treat ..... dog like ..... child.

C. Traduisez en employant des pronoms génitifs.

1. Angela aime bien mon vélo, mais moi, je préfère le sien. 2. C'est bien votre vélo ? Vous êtes sûr que c'est le vôtre ? 3. Les deux chiens ont levé la tête quand j'ai dit leurs deux noms. 4. Les Anglais aiment bien leur cuisine, nous préférons la nôtre. 5. Tu passes ton livre à Steve, il prend le mien, et moi je prends le sien. Simple, non ?

D'autres pronoms

Fiche 25

1 Pronoms réfléchis et réciproques

Liste des pronoms réfléchis

myself	*ourselves*
yourself	*yourselves*
himself	
herself	*themselves*
itself	

Les **pronoms réfléchis** s'emploient quand le sujet et le complément représentent la même personne ou chose :

> ***He sent himself a birthday card.*** Il s'est envoyé une carte d'anniversaire.

Ne pas confondre les réfléchis avec les **réciproques** ***EACH OTHER*** ou ***ONE ANOTHER*** (indifféremment) :

> ***They were born on the same day and they always send each other cards and presents.*** Ils ont nés le même jour et ils s'envoient toujours (l'un à l'autre) des cartes et des cadeaux.

Dans beaucoup de cas, le fait qu'une action est réfléchie ou réciproque est évident, et on ne l'indique pas en anglais :

– action réfléchie évidente : *wash, dress, get up, sit down, hide, rest*.

> ***She dressed carefully.*** Elle s'est habillée avec soin.

– action réciproque évidente : *kiss, meet, fight, quarrel*.

> ***Do they kiss at the end of the film?*** Est-ce qu'ils s'embrassent à la fin du film ?

2 Quelques autres pronoms

Le pronom ***ONE*** : il se rencontre beaucoup dans les dictionnaires, pour représenter une personne sans autre précision.

se peigner	*to comb one's hair*
se faire mal	*to hurt oneself*

Bien sûr, quand on emploie ces expressions, il faut préciser davantage : ***She combed her hair / He combed his hair.***

Le pronom ***ONE*** n'est pas toujours la meilleure solution pour traduire le français on, il vaut souvent mieux employer ***YOU*** :

> Pour faire des crêpes, on prend d'abord de la farine et des œufs. ***To make pancakes, you first take flour and eggs.***

Par ailleurs, ***ONE*** est indispensable pour reprendre les noms dénombrables (seulement eux) avec un adjectif. Il a alors un pluriel ***ONES*** :

They wanted a small house, but they have bought a large one. ...mais ils en ont acheté une grande.

Diamonds are a nuisance: the big ones are too expensive, and you can't see the small ones. ...les gros sont trop chers, et les petits, on ne les voit pas.

La plupart des déterminants ont un emploi comme pronom :

Are you drinking milk? Give me a little, please. ...Donne m'en un peu, s'il te plaît.

Exercices

A. En utilisant l'expression donnée (comme dans un dictionnaire), traduisez la phrase.

1. *waste one's time*. Je perds mon temps à lui expliquer mes projets. Il ne comprend rien.
2. *have it one's own way*. Fais comme tu veux, mais ne te plains pas après.
3. *out of one's mind*. Elle est folle, elle veut travailler dimanche.
4. *put one's foot in it*. Tu as fait une gaffe quand tu as parlé de son mari, ils ont divorcé.
5. *work oneself to death*. Ils n'ont pas l'intention de s'épuiser.

B. Traduisez (réfléchis et réciproques).

1. Tim et Angela se téléphonent souvent. 2. Quand Tim et Angela se rencontrent, il s'embrassent toujours. 3. Angela se fait souvent une tasse de cacao avant de se coucher. 4. Tim et Angela se font *[give]* parfois des petits cadeaux. 5. Tim s'est caché derrière la porte. 6. Angela a offert à Tim une télé qui s'allume et s'éteint toute seule.

Dénombrable et indénombrable

Fiche 26

1 Comment distinguer dénombrable et indénombrable

Il y a en anglais deux grandes catégories de noms : dénombrable (ou ***COUNTABLE***, abrégé en C dans les dictionnaires en anglais) et indénombrable (ou ***UNCOUNTABLE***, abrégé en U). Dénombrable et indénombrable ne sont pas des termes qui correspondent toujours à ce qu'on pourrait considérer comme la nature des objets décrits. Donc, il faut se rappeler que ***FURNITURE*** ou ***BREAD*** sont indénombrables.

Certains déterminants, ainsi que le pluriel, ne peuvent s'employer qu'avec des noms dénombrables :

a cat — *many* / *(a) few* / *three* } *cats*

D'autres déterminants ne peuvent s'employer qu'avec des noms indénombrables, et on ne peut pas employer le pluriel :

much / *(a) little* / *Ø* } *milk*

[Ø = absence de déterminant, se lit zéro]

On ne peut pas employer les déterminants d'une catégorie avec l'autre, sauf si un mot peut appartenir aux deux catégories, avec changement plus ou moins fort du sens :

too much room	*too many rooms*
trop de place	trop de pièces
too much beer	*too many beers*
trop de bière	trop de verres de bière

Quelques indénombrables à se rappeler absolument :

advice, bread, damage, dust, evidence, fruit, furniture, hair, help, information, leisure, luggage, maths, money, music, news, nonsense, poetry, progress, smoke, work, toast, transport, travel, weather.

Et aussi les noms en ***-ICS*** : *physics, mathematics, statistics*. Ces noms s'accordent donc au singulier.

Quelques dénombrables ont un pluriel irrégulier, par exemple :

woman	*women*	*mouse*	*mice*
man	*men*	*child*	*children*
foot	*feet*		

Certains noms terminés par ***-F*** ont un pluriel en ***-VES*** :

half	*halves*	*life*	*lives*
yourself	*yourselves*	*wife*	*wives*

Certains mots sont invariables, par exemple :

one sheep	***several sheep***
one means	***several means***
one series	***several series***

Faites attention aux noms comme *people* et *police* : ils sont toujours pluriels, bien que cela ne se voit pas. Ils déclenchent toujours un accord de pluriel, et ils sont dénombrables :

> ***Those two people should be given a reward.*** On devrait accorder une récompense à ces deux personnes.
>
> ***The police are coming at once.*** La police arrive tout de suite.

Pour la prononciation et l'orthographe des pluriels, voir Fiche 45.

D'autres sortes de noms

Fiche 27

En dehors des dénombrables et indénombrables, il y a plusieurs autres catégories de noms, moins abondantes mais qui contiennent des mots très courants.

Bien considérer :

- la forme du nom (mais elle peut tromper)
- les déterminants
- l'accord du verbe (et des pronoms éventuels)

1 Collectifs

Au singulier, ces noms peuvent pourtant s'accorder au pluriel aussi bien qu'au singulier.

The rugby team is excellent.

The team are playing splendidly.

Les collectifs représentent toujours des groupes d'humains ou d'animaux (et ce n'est donc pas le cas de mots comme *furniture* ou *luggage* qui sont bien indénombrables singuliers).

2 Indénombrables pluriels

Ils ont une forme de pluriel, s'accordent toujours au pluriel, mais ne peuvent pas se dénombrer :

Are your clothes in the suitcase?

On peut quand même donner des quantités approximatives :

You've got too many clothes.

Quelques autres : *belongings*, *customs* (douane), *goods* (marchandise), *leftovers* (restes), *riches* (richesse), *stairs*, *surroundings* (environs), *thanks*.

Notez particulièrement le cas des mots comme *trousers* et *scissors* (**objets doubles**) :

Priscilla was wearing white jeans. Priscilla portait un jean blanc.

Jamais d'article indéfini ***A/AN***, mais (si c'est absolument nécessaire) : *two pairs of jeans*.

3 Noms propres de pays et de personnes

Pas de déterminant, même en présence d'un adjectif :

l'Italie — ***Italy***
la Virginie de l'ouest — ***West Virginia***

Mais par contre : *the U.S.A.*, parce que ce sont *the United States of America* (qui s'accorde au singulier).

Pas de déterminant non plus pour **titre + nom de personne** :

le docteur Freud — ***Doctor Freud***
le président Lincoln — ***President Lincoln***

Exercices

A. Insérez le pronom qui convient et/ou accordez le verbe.

1. Where <BE> my favorite old jeans? 2. "You've got a lot of luggage." "Yes, ... <BE> a bit heavy to carry." 3. No news <BE> good news. 4. Your progress <BE> spectacular. 5. The police <SUSPECT> our neighbour. 6. Andy loves maths, he finds ..... very stimulating.

B. Traduisez.

1. Le Prince Charles a fait *[take]* un voyage au Mexique le mois dernier. 2. Ce n'est pas un travail très difficile. 3. Alors, les nouvelles sont bonnes ? 4. Ce jean est trop long, non ? 5. Je vais mettre un short, c'est plus confortable. 6. Plusieurs personnes m'ont donné les mêmes renseignements. 7. Les moutons ont peur des souris. 8. Les meubles anciens *[antique]* coûtent trop cher. 9. Jim et Harry sont allés en Écosse avec leurs femmes, ils ont eu un temps splendide. 10. Le Dakota du Sud n'est pas beaucoup plus chaud que le Dakota du Nord. 11. Écoute, je trouve que les enfants dépensent trop d'argent. Ils s'achètent trop de vêtements. 12. Les progrès sont lents, mais il y a des progrès.

Général ou particulier, connu ou pas

Fiche 28

1 Général ou particulier

Quand on emploie un nom, on peut se placer au niveau général :

Horror films bore me. Les films d'horreur m'ennuient.

Hot milk is disgusting. Le lait chaud, c'est dégoûtant.

C'est l'emploie **générique** des noms. Dénombrables et indénombrables n'ont pas les mêmes formes de générique.

Les formes de générique :

DÉNOMBRABLE	INDÉNOMBRABLE
the cat	
a cat	
Ø cats	*Ø milk*
mais PAS **the cats*	mais PAS **the milk*

[Ø = absence de déterminant, se lit zéro]

Si au contraire, on est au niveau particulier, on peut présenter quelque chose qui est nouveau pour l'interlocuteur, sous forme indéfinie :

We saw an excellent horror film last night. On a vu un très bon film d'horreur hier soir.

Give me some hot milk, please. Donne-moi du lait chaud, s'il te plaît.

Dénombrables et indénombrables n'ont pas les mêmes formes indéfinies.

Les formes indéfinies :

DÉNOMBRABLE		INDÉNOMBRABLE
singulier	pluriel	
a cat	*Ø cats*	*Ø milk*
	some cats	*some milk*

Les diverses formes de quantification (*three*, *a little*) se placent à ce niveau également (voir Fiches 30 et 31).

Par contre, si on parle de quelque chose qui est déjà connu de l'interlocuteur (on vient d'en parler, ou c'est connu, localement ou généralement, sans qu'on ait besoin de préciser), on emploie l'article défini aussi bien pour les dénombrables que pour les indénombrables :

Pass me the milk, please. [c'est celui qui est sur la table, ou dans le frigo]

I bought the paper at the station. [le journal habituel, à la gare que l'on fréquente]

Les formes définies :

l'article ***THE*** pour **tous** les noms (dénombrables et indénombrables).

DÉNOMBRABLE		INDÉNOMBRABLE
singulier	pluriel	
the cat	*the cats*	*the milk*

Certains noms sont presque toujours employés avec l'article ***THE*** parce qu'ils représentent des objets ou personnes uniques (censés être connus) : *the president, the sun, the earth, the West* (et autres points cardinaux).

Ajouter un adjectif ne change pas le caractère générique d'un nom :

> ***Horses are trained for racing.*** Les chevaux sont entraînés pour la course.
>
> ***Irish horses are trained for racing.*** Les chevaux irlandais sont entraînés pour la course.

Par contre, ajouter un groupe prépositionnel ***OF*** **+ GN**, oblige à employer l'article défini :

> ***The horses of Connemara are trained for racing.***

Forme et prononciation des articles :

Devant consonne (prononcée)	Devant voyelle (prononcée)
a cat [ə]	*an animal* [ən]
a horse [ə]	*an hour* [ən]
the cat [ðə]	*the animal* [ði]
the horse [ðə]	*the hour* [ði]

2 À voir de plus près

Dénombrables et indénombrables conservent leur caractère dans les cas suivants :

- exclamations :

  What a fabulous car! (dénombrable, article *a*)

  What fabulous music! (indénombrable, déterminant zéro)
- attributs : *She is a doctor.*
- après *as* : *as a teacher* (= comme enseignant)
- après *without* : *without a hat / with pleasure*

Mais attention

Dans quelques autres cas, les dénombrables sont considérés de façon abstraite (pas l'objet, mais l'idée, la fonction) :

> *by train / go to hospital*

C'est aussi le cas dans les noms composés :

> *a dog collar* *a trouser leg*

Distinguer aussi :

> *last Monday* lundi dernier
>
> *the last Monday of April* le dernier lundi d'avril
>
> *next time* la prochaine fois
>
> *the next person to come in* la personne qui est entrée ensuite

Un cas particulier : le nom ***MAN*** est le seul dénombrable qui a une forme générique à déterminant zéro :

> *Man is a hairless ape.* L'homme est un singe sans poils.

Exercices

A. Générique ou non ? Insérez la forme du nom et le déterminant qui convient.

1. Are there any jobs <woman> can't do? 2. <sun> is only a small star. 3. They met while queueing up for <seats> at the Opera-House. 4. <computer> is only <machine>. 5. At her grandmother's, <tea> is excellent, but I don't like <cakes>.

B. Traduisez.

1. Les roses poussent bien dans le sud de l'Angleterre. 2. Le beurre fait grossir. 3. La bêtise de ses remarques m'a frappé. 4. J'exige que les enfants fassent leurs devoirs dès qu'ils reviennent de l'école. 5. C'est bizarre, le chien ne sait pas nager. 6. La dinde *[turkey]* est un oiseau américain. 7. Dans son jardin, les roses ont magnifiques. 8. La lune est un petit satellite sans intérêt. 9. Le café est ignoble dans ce restaurant. 10. Les pommes mûrissent en automne. 11. L'histoire anglaise est pleine de batailles. 12. L'histoire d'Angleterre commence vraiment en 1066. 13. Je m'appelle Watson, et je suis docteur. 14. Quel temps magnifique ! 15. Vous êtes le docteur Watson, je présume. 16. Quelle robe ridicule ! 17. Ils ne peuvent pas nettoyer l'hôpital sans aspirateur. 18. Les enfants vont à l'école par le bus.

Fiche 29

Les démonstratifs *THIS* et *THAT*

Les démonstratifs permettent de particulariser fortement (comme l'article ***THE***, avec lequel ils sont parfois en concurrence).

Les démonstratifs s'accordent avec le nom :

this book *these books*
that book *those books*

Ils peuvent s'employer seuls comme pronoms pour représenter des objets, mais pas des personnes, et (au singulier seulement) avec le pronom ***ONE*** : pour représenter des objets ou des personnes

Read this. / *I like this one, but I prefer that one.*

Devant une proposition relative, on trouve ***THOSE*** ou ***THE ONE(S)*** (objets ou personnes), mais pas les autres démonstratifs :

Those you saw are fine. Ceux / Celles que tu as vu(e)s sont très bien.
The one(s) you saw is / are fine. Celui / Celle / Ceux / Celles que...

this/these	***that/those***
[vous tenez un livre à la main] *This book is very interesting.*	[vous montrez un livre] *Pass me that book on the shelf.*
[vous présentez un objet] *Look at this.*	[vous attirez l'attention sur un objet, par ex. dans la rue] *Look at that.*
[à propos de la pièce où on se trouve] *This room is charming.*	[à propos d'une maison qu'on a visitée la veille] *That house was very comfortable.*
[vous présentez quelqu'un] *This is Jo, a very good friend of mine.*	[vous identifiez quelqu'un pour votre interlocuteur] *That is Jo, a very good friend of mine.*
[faire référence au présent] *these days* de nos jours, ces temps-ci *this week* cette semaine (en cours)	[faire référence à un autre moment] *in those days, at that time* en ce temps-là

Exercice

Insérez un démonstratif ou *THE ONE(S)*.

1. Can you read ..... sign across the street? 2. In ..... days, they didn't have washing-machines. 3. Henry, ... is Jane, Jane, ... is Henry, an old friend of mine. 4. The doctor might be able to fit you in ***[vous caser un rendez-vous]*** ..... afternoon. 5. So the minister didn't deny the rumour. Now ..... is interesting. 6. 1915, ... year was the worst for rains and floods. 7. Look at my new bike. Finally, I bought ..... your brother recommended. 8. I've bought new shoes, ... your sister told me about.

Quantités

Fiche 30

1 SOME, ANY, NO

Il y a un fort parallélisme entre indénombrable et dénombrable pluriel par rapport au dénombrable singulier :

INDÉNOMBRABLE	DÉNOMBRABLE SINGULIER
He hasn't got any talent.	*He hasn't got a car.*
DÉNOMBRABLE PLURIEL	
He hasn't got any DVD's.	

Même chose dans les questions :

INDÉNOMBRABLE	DÉNOMBRABLE SINGULIER
Has he got any talent?	*Has he got a car?*
dénombrable pluriel	
Has he got any DVD's?	

Et de même on ne peut pas employer ***ANY*** comme pronom avec un nom **dénombrable singulier**, il faut employer ***ONE*** :

The Joneses have got a dishwasher, but the Browns haven't got one. (den sg)

The Browns have got lots of DVD's, but the Joneses haven't got any. (den pl)

SOME s'emploie dans les affirmations pour indiquer une quantité qu'on ne précise pas :

Maggie has lent me some money.

SOME peut s'employer dans les questions, quand on suppose qu'il existe réellement une quantité :

Could you lend me some money?

Would you like some tea?

ANY dans les questions ne suppose pas l'existence d'une quantité :

Have you got any change? Tu as de la monnaie ?

ANY dans les affirmations (avec un dénombrable) indique l'indifférence (on ne choisit pas) :

You can play any record you like. Tu peux passer n'importe quel disque.

ANY n'est pas un mot négatif à lui seul. Pour avoir un sens négatif, il faut ***NOT...ANY*** ou ***NO*** :

They couldn't give me any information / any five-pound notes. Ils n'ont pu me donner aucun renseignement / aucun bilet de cinq livres.

No information will be given on the phone. Aucun renseignement ne sera communiqué par téléphone.

2 LITTLE, FEW, MUCH, MANY, ENOUGH

Ici, séparer :

	DÉNOMBRABLE PLURIEL	**INDÉNOMBRABLE**
petite quantité	*few*	*little*
grande quantité	*many*	*much*

En langue courante, on préfère ***A LOT OF/LOTS OF***, plutôt que ***MANY/MUCH***.

Maintenir la différence pour : *too many toys / too much money*.

Faites bien la différence entre :

– une petite quantité, mais pas négligeable

a few books quelques livres *a little milk* un peu de lait

– une faible quantité, pas beaucoup, pas assez

few books peu de livres *little milk* peu de lait

Le déterminant ***enough*** indique une quantité suffisante :

I have enough money for the train. J'ai assez d'argent pour le train.

Attention : l'adverbe ***enough***, qui s'applique à un adjectif ou un adverbe, se place après l'adjectif ou l'adverbe :

He doesn't work hard enough. Il ne travaille pas assez fort.

3 SEVERAL

SEVERAL s'emploie pour s'opposer à ***ONE***, et non pour indiquer une petite quantité (à la différence de ***A FEW***) :

They have got several cars. Ils ont plusieurs voitures.

4 MOST

MOST indique la majorité (par rapport au tout). Ne pas le confondre avec l'adverbe ***ALMOST*** = presque :

Most children like chocolate. La plupart des enfants aiment le chocolat.

5 Pour indiquer la totalité : *ALL, WHOLE, EVERY*

Toujours le parallèle indénombrable/dénombrable pluriel :

all the meat (ind) *the whole book* (den sg)

all the books (den pl)

Attention à l'accord SINGULIER de ***EVERY*** (+ dénombrable obligatoirement)

Every book was carefully checked. Tous les livres ont été soigneusement vérifiés.

She goes swimming every day. Elle nage tous les jours.

Alors que ***ALL*** représente directement la totalité, ***EVERY*** passe en revue tous les éléments puis fait le total. Enfin ***EACH*** met l'accent sur l'individualité des éléments :

> ***We must have a separate room for each child.*** Il nous faut une chambre séparée pour chaque enfant.

Bien distinguer :

Most dogs enjoy swimming.	***Most of the dogs enjoy swimming.***
All dogs enjoy swimming.	***All the dogs enjoy swimming.***
s'applique à l'espèce entière	s'applique aux chiens que nous connaissons

Exercices

A. *SOME* ou *ANY* ? Ou encore autre chose ? Traduisez les phrases.

1. Le marchand de journaux *[newsagent]* n'avait pas de monnaie *[change]*. 2. Vous pourriez me donner de la monnaie ? Je n'ai qu'un billet de cinq livres. 3. « Est-ce que tu as de la monnaie dans la poche de ta veste ? » « Non, il n'y en a pas. » 4. Alf n'a pas de voiture, et il n'en veut pas. 5. « Vous avez un stylo ? » « Non, je n'en ai pas, mais j'ai un stylo à bille. » 6. Alf sait conduire n'importe quelle voiture. 7. Prenez des cacahuètes, il n'y a plus d'amendes. 8. Aucune voiture ne doit stationner dans la cour. 9. De façon surprenante, il n'y avait aucune voiture dans la rue. 10. Ils ont acheté de nouveaux meubles pour leur maison de campagne.

B. Traduisez les expressions en employant *MUCH, MANY (A) LITTLE, (A) FEW, SEVERAL*, ou d'autres si c'est vraiment nécessaire.

1. trop de voitures
2. quelques maisons
3. un peu de lait
4. beaucoup de gens
5. plusieurs idées
6. beaucoup de temps
7. un peu de patience
8. peu d'arbres
9. pas beaucoup de temps
10. trop d'eau
11. peu d'argent
12. trop de bagages
13. pas beaucoup de nouvelles
14. trop d'enfants
15. beaucoup de remerciements

C. Traduisez les phrases, en employant *MUCH, MANY (A) LITTLE, (A) FEW, SEVERAL*, ou d'autres si c'est vraiment nécessaire.

1. Heureusement, il me reste un peu de temps. 2. Il y a peu de restaurants, mais beaucoup de pubs. 3. Jenny a plusieurs correspondants aux États-Unis. 4. En fait, peu de chats aiment le poisson. 5. Il reste un peu de whisky, prenez-en un verre. 6. Trop de travail, pas assez de loisirs. 7. Pas de viande et beaucoup de fruits.

D. *ALL, WHOLE, EVERY* ou *EACH* ? Traduisez.

1. Toute la ville était couverte d'une fumée épaisse. 2. Qui a mangé tout le pain ? 3. J'ai mis tous les bonbons dans cette boîte. 4. Zelda va à la piscine tous les jeudis. 5. Il a perdu tous ses cheveux. 6. Il a traversé toute la pièce pour me dire bonjour. 7. Est-ce qu'il y a un morceau de poulet pour chaque invité ? 8. J'ai envoyé tous les bagages à l'avance. 9. Toutes les fois que nous nous rencontrons, nous parlons de la même chose. 10. Tous les hommes sont égaux.

Nombres

1 Dire les nombres

23 *twenty-three*
86 *eighty-six*
100 *a hundred*
123 *one hundred and twenty-three*
200 *two hundred*
1200 *one thousand two hundred / twelve hundred*
5,000,000 / 5 000 000 *five million*

On utilise une virgule ou un espace comme séparateur de milliers.

Remarquez : pas de ***-s*** à ***HUNDRED***, et pas de ***OF***, quand il y a un déterminant devant ***HUNDRED*** : *It costs two hundred pounds / several hundred pounds.*

Par contre : ***It costs hundreds of pounds.*** Ça coûte des centaines de livres.

Même chose pour ***DOZEN, THOUSAND, MILLION*** :

two dozen eggs deux douzaines d'œufs

three million inhabitants trois millions d'habitants

HALF

Pas d'article avant ***HALF*** :

Half (of) the population is starving. La moitié de la population souffre de la famine.

I'll take half (of it). J'en prendrai la moitié.

Nombres ordinaux :

first (1st), second (2nd), third (3rd), fourth (4th), fifth, sixth, seventh, etc.

On the seventh day, God rested.

twentieth [ˈtwentɪəθ]

for the hundredth time

Attention à l'ordre :

the first three days les trois premiers jours

et aussi : *the last three days, the next three days*.

Arithmétique élémentaire

5.2 *five point two* cinq virgule deux
3250.25 *three thousand two hundred and fifty point twenty five*
1/5 *one fifth*
4/8 *four eighths*
235/1486 *two hundred and thirty five over one thousand four hundred and eighty six*
3^2 *three square*
$\sqrt{9}$ *square root of nine*
3^5 *three to the power of five / three to the fifth*

Le point des adresses électroniques se dit ***DOT*** :

ophrys.fr : ophrys dot fr.

Opérations

3 + 2 = 5 *three and two is /are five / three plus two equals five*

5 – 3 = 2 *five minus three is / are / equals two*

5 x 2 *five (multiplied) by two*

10 : 2 *ten divided by two*

2 Numéroter et dire les numéros de téléphone

Pas d'article quand on numérote :

room twenty five la chambre vingt-cinq

room 201 room two-oh-one

room 235 room two thirty-five

agent 007 agent double oh-seven l'agent zéro zéro sept

chapter seven le chapitre sept

Par contre :

Elizabeth II Elizabeth the second

Et bien sûr : *the seventh chapter*.

Pour dire les numéros de téléphone, pas de regroupements, chaque chiffre est dit séparément :

45 28 30 52 four five two eight three oh five two

Date, heure, âge et dimensions

Fiche 32

1 Dire la date et l'heure

4(th) December 1993 *the fourth of December nineteen ninety-three*

December 4(th), 1993 *December (the) fourth / December four nineteen ninety -three*

4.12.93 (usage britannique)

12/4/93 (usage américain, le mois d'abord)

1900 nineteen hundred *1905 nineteen oh five*

2000 two thousand *2005 two thousand and five*

at six (o'clock) at half past six / at six thirty

at (a) quarter to six / at five forty-five

Jamais de nombre au-dessus de douze pour les heures, mais préciser éventuellement :

six a.m. six heures du matin

six p.m. six heures du soir/dix-huit heures

Attention aux prépositions :

in 1993 *in December* *in the morning*

on Monday (the fourth) *on Monday morning* *on December the fourth*

at six (o'clock) at night

2 Dire l'âge et les dimensions

She is twenty-five (years old). Elle a vingt-cinq ans.

a twenty-five-year old student un(e) étudiante(e) de vingt-cinq ans

at twenty-five à vingt-cinq ans

She is in her twenties. Elle a entre vingt et trente.

She is in her teens. *She is a teen-ager.*

The room is five metres long and three metres wide. La pièce a cinq mètres de long et trois mètres de large.

a five-metre long room une pièce de cinq mètres de long (pas de -s à mètre)

Tables de conversion rapides

		1 inch = 2,54 cm
12 inches	=	*1 foot = 30,48 cm*
3 feet	=	*1 yard = 91,44 cm*
		1 mile = 1,609 km
		1 ounce = 28,35 g
16 ounces	=	*1 pound = 453 g*
14 pounds	=	*1 stone = 6,350 kg*
		1 pint = 0,568 l
2 pints	=	*1 quart = 1,137 l*
4 quarts	=	*1 gallon = 4,54 l (GB)*
		1 gallon = 3,78 l (US)

degrés Farenheit → degrés Celsius (*x*°F – 32) x 5/9 = *x*°C

0°F = – 17°C *32°F = 0°C*

Exercices

A. Exercez-vous à prononcer à haute voix.

14 41 87 104 700 999 1030 1635 1,475,000 2,783,834 37.32 3.14 3579.63

6th 20th 73rd 100th 102nd

My phone number is 6750345.

My phone number is 3448906.

Today is 27.8.2009. (notation britannique)

Vous pouvez facilement vous inventer des problèmes pour continuer à vous exercer.

B. Traduisez.

1. Mardi, Juliette aura 16 ans. 2. Le 22 juillet 1865, Buffalo Bill abattit plus de cent-cinquante bisons. 3. Une tour de 46 mètres doit être bâtie sur ce terrain *[site]*. 4. Les archéologues ont trouvé une tombe vieille de trois mille ans sous le troisième sous-sol de l'immeuble. 5. Vous cherchez la pièce deux-cent-huit ? C'est au deuxième étage bien sûr. 6. Achète-moi deux douzaines d'œufs et une demie livre de beurre. 7. Les deux premiers volumes de l'encyclopédie ont disparu. 8. Personne ne lit les trois quarts des livres qui sont publiés chaque année.

Test de niveau
Fiches 24 à 32

Vérifiez vos réponses à l'aide du corrigé p. 195 et comptabilisez vos points.

1 **Quels sont les noms qu'on peut associer avec chaque déterminant (en les mettant éventuellement au pluriel) ?**

1. Déterminants :	Noms :
A. *too many*	a. *money*
B. *the*	b. *crocodile*
C. ∅	d. *cloth*
D. *so much*	e. *furniture*

2. Déterminants :	Noms :
A. *a*	a. *progress*
B. ∅	b. *smoke*
C. *so much*	d. *milk*
D. *the*	e. *beer*
	f. *people*

Votre score ..../8

2 **Mettez les phrases qui suivent au passif en prenant pour sujet le groupe nominal en italiques (ne mentionnez pas l'agent). Vérifiez bien la nature du nom.**

1. After a lot of hesitation, they finally gave *the news*.
2. Somebody warned *the police* that there was a bomb in a cinema.
3. Be careful, they've waxed and polished *the stairs*.
4. They trimmed *his hair* very short so that nobody should recognize him.
5. Many people have strongly objected to *the modernistic furniture in the sales manager's office*.
6. They have tried *every means*, without success so far.
7. They have to gather *a lot of information* before any conclusion can be reached.
8. Doctors have made *some progress* towards defeating fatal diseases.
9. Somebody has washed *my jeans* without emptying the pockets.
10. People never paid attention to *his advice*.

Votre score ..../10

3 **Générique ou non ? Faut-il l'article *THE* ou bien ø ?**

1. ...... modern **cars** are safe and comfortable. 2. Here, ... **tea** is excellent, but I don't much like ...... **cakes**. 3. ...... **moon** is not really very far. 4. Some people think ...... **computer** is an invention of the devil. 5. ...... **birds** must have fun flying. 6. ...... **whisky** is more expensive than ...... **beer**.

Votre score ..../6

4 **Insérez *SOME, ANY* ou *NO.***

1. ... sensible human being would ever dream of learning to fly!
2. Don't give me ... cigarettes, even if I ask you for some.
3. You can't wear just ... old dress to go to the party!
4. Would you like ... toast?
5. ... language teacher will tell you a good workbook helps.
6. ... people don't like oysters.
7. There was hardly ... wine left.

Votre score ..../7

5 ***MOST / MOST OF* : mettre la forme qui convient dans les espaces, et ajoutez ce qui peut manquer.**

1. ... Parisian hairdressers have learnt their job at Jean-Paul's.
2. ... hairdressers I have been to refused to shave my head.
3. Yesterday, I read that ... teenagers living in Paris wanted to have their hair dyed.
4. Contrary to what people think, ... dinosaurs were herbivores.
5. In that film, ... dinosaurs were created by computer.

Votre score ..../5

6 ***ALL (THE), THE WHOLE, EVERY* ou *EACH* ?**

1. We had to drive through .... town. 2. I had to throw away ...... bread. 3. Somebody has eaten .... sweets. 4. She plays tennis ...... Thursday. 5. He's lost ...... his hair. 6. She gave a sweet to .... child. 7. .... luggage is in the car. 8. .... men are equal.

Votre score ..../8

7 **Qu'est-ce qui manque ? Peut-être rien... (1, 2 et 3 forment une séquence)**

1. ... July 14 1789,
2. ... half past five,
3. more than two thousand .... people rushed into the fortress.
4. Mr Smith is in ... room 23.
5. I've only read ... half of that book.
6. Do you work .... Saturdays?

Votre score ..../6

Score total : .... points × 2 = .../100

Appréciation du score :

90-100 : TRÈS BIEN **75-89 :** bien **60-74 :** honnête **40-59 :** médiocre
moins de 40 : nettement insuffisant

Génitif, noms composés

Fiche 33

1 Le génitif

Forme : *the doctor'**s** car*

Ce qui vient avant ***'s*** est l'équivalent d'un possessif (***MY***, ***YOUR***, etc.), donc on ne pourra avoir aucun article après ***'s*** :

the doctor's car = the car that belongs to the doctor

his car = the car that belongs to him

Ce qui vient après ***'s*** est forcément défini :

your sister's friend = l'amie de ta sœur

(MAIS PAS une amie de ta sœur, qui serait *a friend of your sister's*)

Bien répartir les adjectifs et les déterminants avec le nom auquel ils se rapportent, de chaque côté de *'s*. Le premier nom garde exactement ce qu'il aurait indépendamment :

*Tina'**S** dress = the dress (**that belongs to**) Tina*

*that gorgeous girl'**S** green silk dress = the green silk dress (**that belongs to**) that gorgeous girl*

la robe de soie verte de cette fille magnifique

*that girl'**S** gorgeous green silk dress = the gorgeous green silk dress (**that belongs to**) that girl*

la magnifique robe de soie verte de cette fille

Quand le premier nom est pluriel, se contenter de rajouter une apostrophe :

his daughters' room la chambre de ses filles

Si le premier nom se termine par ***-s*** ou ***-ss***, ne pas craindre de rajouter le génitif :

Mr Jones's children *the boss's ideas*

Ne pas oublier que ***WHOSE*** est un génitif lui aussi, comparez :

Keith's old car crashed into a tree. la vieille voiture de Keith

His old car crashed into a tree. sa vieille voiture

Whose old car crashed into a tree? la vieille voiture de qui ?

Le génitif ne sert pas uniquement à indiquer la « possession » (*Jane's illness*). Il s'emploie pour les humains et les animaux, mais aussi pour :

- les noms de lieux : *London's best restaurants*
- les mots qui servent à repérer dans le temps : *today's paper, last year's problems*.

On rencontre le génitif avec d'autres noms représentant des inanimés (*the book's author*), mais il ne vous est pas recommandé de fabriquer vous-même de telles formules.

2 Génitif sans deuxième nom

Le génitif sans deuxième nom est équivalent des possessifs 2 (***MINE, YOURS,*** etc.), et représente à la fois le possesseur et le possédé :

This car is faster than Jane's. / mine.

Cette voiture est plus rapide que celle de Jane. / la mienne.

Dans ce cas, il n'y a pas de pronom ***ONE*** après le génitif (~~Jane's one~~).

Autres exemples :

Is that car Jane's? / yours?

Est-ce que cette voiture est à Jane ? / à toi ?

On l'emploie aussi pour désigner des endroits rattachés à une personne (ou au moins à son nom) :

You should go to the hairdresser's. Tu devrais aller chez le coiffeur.

I left my glasses at the Browns'. J'ai oublié mes lunettes chez les Brown.

How about an Italian dinner at Mario's? Et si on dînait à l'italienne chez Mario ?

On le trouve aussi dans les expressions :

She is a friend of my daughter's. C'est une amie à ma fille.

À distinguer de :

She is one of my daughter's friends. C'est une des amies de ma fille.

3 Noms composés

Les noms composés s'orthographient soit en un seul mot, soit en deux, soit avec trait d'union.

C'est le dernier nom qui est le point de départ, le ou les nom(s) qui le précède(nt) lui apporte(nt) une précision, c'est-à-dire que les noms composés doivent se comprendre de droite à gauche :

a front door = a kind of door, at the front of a house

a door handle = a kind of handle, placed on a door

Les noms placés à gauche du nom principal sont comme des adjectifs, et donc toujours au singulier :

They had to change all the windowpanes. Ils ont dû changer toutes les vitres.

Certains noms toujours pluriels restent au pluriel (c'est normal, pour préserver leur sens), comme dans *clothes rack* (porte-manteau), *savings bank* (caisse d'épargne).

On n'utilise pas les noms composés pour désigner un groupe extrait d'un ensemble, on emploie :

a group of schoolgirls, a bunch of flowers.

Même chose pour une partie d'une matière :

a piece of cake, a glass of beer.

Attention : *a beer glass* = un verre à bière, c'est-à-dire **pour** la bière (mais qui peut contenir du lait).

Exercices

A. Fabriquez des génitifs avec les éléments donnés en opérant les modifications nécessaires.

1. <the former wife – Brian> 2. <Tom Hunk – the most recent film> 3. <the new flat – your friend> 4. <ridiculous plans – they> 5. <the eyes – that tall new student> 6. <the financial page – today> 7. <the numerous boyfriends – her two sisters> 8. <the huge profits – last year>

B. Traduisez en employant des génitifs.

1. les cinq chats siamois de vos deux amis 2. les idées ridicules de son ancien patron 3. les neuf symphonies de Beethoven 4. les trois jeunes cousins de Phyllis 5. la tombe de ses chers parents

C. Traduisez en employant des génitifs sans deuxième nom.

1. « C'est ton téléphone portable, là ? » – « Non, c'est celui de Max. » – « Mais à qui est cette valise ? À Max, aussi ? »

2. Ce matin je suis allée chez les Robinson, mais ils étaient partis voir des amis à eux. Alors je suis allée chez le dentiste.

D. Exercez-vous à interpréter les noms composés en lisant à partir de la droite :

account number	hair dye	mother-tongue	powder milk
elbow-room	sleeping pill	sleeping bag	winter sports
sports clothes	clothes rack	evening paper	paperback book
bookshop	shopwindow	windowshopping	

Adjectifs

1 Place et ordre des adjectifs

Les adjectifs (épithètes) se placent avant le nom, y compris au comparatif et au superlatif :

a big car	une grande voiture
a bigger car	une voiture plus grande
the biggest car	la voiture la plus grande

Résistez à l'habitude française de placer un adjectif seul et entre virgules après un nom :

Cette histoire, admirable, est certainement un chef d'œuvre.

This admirable story is certainly a masterpiece.

Utilisez une proposition relative en cas de doute :

This story, which is admirable, is certainly a masterpiece.

On trouve des adjectifs après le nom dans quelques cas bien précis.

– adjectifs accompagnés d'un complément

People used to traditional models may be surprised. Les gens habitués aux modèles traditionnels risquent d'être surpris.

– après les pronoms comme *somebody, nothing* :

Something funny happened during the funeral. Il s'est passé quelque chose de drôle pendant l'enterrement.

Rappelez-vous aussi la formule :

There's nothing left. Il ne reste rien.

Les adjectifs comme ***ASLEEP, ALIVE, AWAKE*** ne peuvent être qu'attributs (c'est-à-dire après ***BE***) :

The children are asleep.

Ailleurs, on est obligé de changer d'adjectif ou d'employer une relative : *sleeping children, children that are asleep*.

Ordre des adjectifs

L'adjectif qui représente une caractéristique stable est le plus proche du nom, l'adjectif qui représente un jugement de la personne qui parle est le plus éloigné.

interesting new books

large blue eyes

funny American custom

Les adjectifs peuvent être suivis de compléments qui sont soit des subordonnées (*glad that you could come*), soit des noms introduits par des prépositions (*pleased with his success*), mais il faut bien connaître la préposition qui convient : *angry at someone, sorry about something*.

2 Les adjectifs anglais ne deviennent pas facilement des noms

En général, il faut trouver un nom pour soutenir l'adjectif, ou employer le pronom ***ONE***

le gros	*the big man*
la malheureuse	*the poor girl*
le jaune	*the yellow one*

Les adjectifs ne deviennent des noms qu'avec des contraintes sévères :

the rich = tous ceux qui sont riches, les riches

Remarquez l'absence du ***-s*** du pluriel, et on ne peut ni compter, ni individualiser :

un riche → *a rich man* ces riches → *those rich people*

Adjectifs de nationalité et noms de nationalité

Il y a trois catégories :

(a) ***ENGLISH*** (adjectifs en ***-SH, -CH***) : ***the English*** = (tous) les Anglais

un Anglais : *an Englishman*

une Anglaise : *an English woman / girl* trois Anglais : *three English people / three Englishmen*

(b) ***CHINESE*** (adjectifs en ***-ESE***) : ***the Chinese*** = (tous) les Chinois

a Chinese *two Chinese*

(c) ***GERMAN : the Germans*** = (tous) les Allemands

a German *two Germans*

Attention :

L'anglais est facile. = (la langue) *English is easy*. (indénombrable)

Les Anglais adorent les animaux. = (les gens) *The English love animals*. (accord de pluriel)

L'Anglais qui habite à côté = (la personne) *The Englishman who lives next door*

3 Les noms employés comme adjectifs

Les noms peuvent s'employer devant d'autres noms comme des adjectifs, pour indiquer par exemple la matière, la provenance, le temps, etc. :

a silver chain *a London house* *the evening news*

En combinant adjectifs et noms devant un nom (qui peut être composé), on aboutit à des groupes nominaux longs qui doivent se comprendre à partir de la droite (on ne peut pas toujours les traduire sans les réorganiser en français) :

handy	*German*	*gasoline*	*camp*	*stove*
5	*4*	*3*	*2*	*1*

1 réchaud 2 de camping 3 à essence 4 allemand 5 pratique

Exercices

A. Traduisez

1. une petite voiture bleue – l'idée la plus intéressante – un livre remarquable.

2. une grande maison californienne – de beaux cheveux blonds – une agréable boisson chaude.

B. Traduisez

1. Beaucoup d'Irlandais détestent les Anglais. 2. Trois Gallois, un seul Français, les Gallois ont forcément marqué l'essai. 3. Il y a plusieurs Américains dans l'équipe australienne, mais aucun Japonais. 4. Oui, la cravate bleue n'est pas mal, mais je préfère la rouge. 5. Les Américains aiment beaucoup l'accent des Françaises. 6. Les jeunes n'aiment pas beaucoup parler avec des vieux.

C. Traduisez

1. Le *Times* de Londres 2. un gratte-ciel new yorkais 3. des étagères métalliques 4. un restaurant parisien 5. un journal du dimanche 6. la bourse de Tokyo 7. un accent texan 8. un banc de pierre

D. Déchiffrez les groupes nominaux

1. a green enamelled vacuum bottle 2. good quality heavyweight all wool material 3. a three-course evening meal 4. a 10-day coach holiday in Spain 5. *[dans une voiture]* a passenger door mirror 6. a supersmooth five-speed gearbox 7. up to 10 months interest-free credit 8. a remote control digital camcorder

Fiche 35

Les propositions relatives

1 Rôle des propositions relatives et des pronoms relatifs

Une proposition relative a un rôle identique à celui d'un adjectif : elle donne des précisions à propos d'un nom.

Le pronom relatif doit être en accord avec ce nom (l'antécédent) : choix entre ***WHO*** (animé) et ***WHICH*** (inanimé).

Mais il faut aussi choisir le pronom relatif selon la fonction qu'il occupe dans la relative : ***WHO*** (sujet ou complément), ***WHOSE*** (complément de nom).

WHOM (complément animé) n'existe presque plus.

Par contre, le pronom relatif ***THAT*** ne varie pas du tout.

On emploie aussi beaucoup le pronom **relatif zéro** (absence de relatif).

Prononciation

Les lettres ***WH*** se prononcent /h/ : ***WHO*** /hu:ʔ ou /hu: /, ***WHOSE*** /hu:z/ (mais /w/ dans ***WHICH***). ***THAT*** est réduit à /ðət/.

2 Exemples de relatifs et relatives :

[Dans ce tableau, les formes les plus courantes sont **en gras**. Les formes trop guindées, à éviter, sont entre barres obliques : //]

• **Sujet**

animé	inanimé
The man who lives next door is Australian.	*The car which is in the street is mine.*
The man that lives next door is Australian.	***The car that is in the street is mine.***

• **Complément direct**

animé	inanimé
The man you met yesterday is Australian.	***The car you saw yesterday is my brother's.***
The man that you met yesterday is Australian.	***The car that you saw yesterday is my brother's.***
The man who you met yesterday is Australian.	*The car which you saw yesterday is my brother's.*
/The man whom you met yesterday is Australian./	

- **Complément indirect**

animé	inanimé
The girl you talked to yesterday is Irish.	***The gold they were looking for was a dream.***
The girl that you talked to yesterday is Irish.	***The gold that they were looking for was a dream.***
The girl who you talked to yesterday is Irish.	*The gold which they were looking for was a dream.*
/The girl to whom you talked yesterday is Irish./	*/The gold for which they were looking was a dream./*

- **Complément de nom**

animé	inanimé
The girl whose dress you liked is American.	***The car whose speed impressed you is my sister's.***
	The car the speed of which impressed you is my sister's.

Remarquez bien qu'on n'est pas toujours obligé d'employer des relatives, surtout quand on parle. On peut souvent couper ou organiser différemment :

The girl whose dress you liked is American.

You know that girl, you liked her dress. She's American.

3 Quelques emplois délicats

Attention à ***WHOSE*** :

Comme ***WHOSE*** est un génitif, il n'est pas suivi de ***THE***. Il n'est jamais séparé du nom qu'il détermine (à la différence de **dont** en français) :

Maggie has never heard of the singer whose song they keep playing on the radio. Maggie n'a jamais entendu parler du chanteur dont on n'arrête pas de passer la chanson à la radio.

Les relatives anglaises ne sont pas systématiquement encadrées de virgules. Placer des virgules modifie le sens :

The musicians who had played all night took a break. Les musiciens qui avaient joué toute la nuit ont pris un temps de repos. (seulement ceux qui avaient joué toute la nuit)

The musicians, who had played all night, took a break. Les musiciens, qui avaient joué toute la nuit, ont pris un temps de repos. (tous les musiciens)

Pour les relatives encadrées de virgules, on n'emploie pas ***THAT*** ni le relatif Ø. Elles appartiennent un à style plutôt écrit.

Après ***ONLY, FIRST, LAST, ALL, EVERY(BODY/THING)***, on emploie ***THAT*** ou le relatif zéro :

> ***The first record (that) he bought was by the Beatles.*** Le premier disque qu'il a acheté était des Beatles.
>
> ***His sister taught him all he knows about music.*** C'est sa sœur qui lui a enseigné tout ce qu'il sait en musique.
>
> [Surtout ne pas employer ***WHAT***]

Après un antécédent qui représente un moment, employer ***WHEN***, ou zéro :

> ***The year (when) he finally had a big hit, he had a car accident.*** L'année où il a enfin eu un grand succès, il a eu un accident de voiture.

Après ***THE WAY*** (= la manière), relatif zéro :

> ***I don't like the way he sings.*** Je n'aime pas la façon dont il chante/sa façon de chanter.

Exercices

Dans les exercices, employez les formes qui sont en gras dans le tableau.

A. Assemblez ces propositions de façon à former une phrase unique. Les mots en gras devront disparaître et être remplacés par un pronom relatif.

1. Helen has written a book – **the book** tells the story of her life 2. The story – the book tells **a story** – is rather strange 3. That novel – you read about **it** in the paper – is truly original 4. Some people – **they** write novels – had better keep their memories to themselves 5. That author – you like **her** books so much – has sold millions of books 6. The novel – the title **of that novel** is so intriguing – is rather disappointing 7. The pen – Charles Dickens wrote with **that pen** – was sold at Sotheby's last week 8. Some authors – people admire **them** so much – don't write their books themselves

B. Traduisez.

1. J'adore les livres qu'écrit Rosie Tearsome. 2. J'admire les écrivains que recommande ce critique 3. Le jour où Rosie Tearsome a fini son dernier livre, elle en a commencé un autre. 4. Rosie Tearsome s'est mariée pour la troisième fois l'année où elle a publié son cinquantième roman. 5. Moi, j'aime bien les romans dont l'intrigue est facile à suivre. 6. J'ai horreur des romans dont les personnages sont trop ordinaires. 7. Les émissions de radio que j'écoute régulièrement traitent *[deal with]* beaucoup de littérature. 8. Les auteurs aiment bien rencontrer les gens pour qui ils écrivent.

Fiche 36

La comparaison

En anglais il faut distinguer comparatif et superlatif, ils n'ont pas la même forme :

- comparatif : *a more interesting film* un film plus intéressant
- superlatif : *the most interesting film* le film le plus intéressant

Distinguer aussi :

- adjectifs courts : une seule syllabe (*fine*), ou bien deux syllabes avec terminaison en ***-y*** (*silly*) ou ***-le*** (*simple*)
- adjectifs longs : ceux qui ne sont pas courts (*frequent, sudden, anxious, cheerful, remarkable*).

Pour les adverbes, les courts ont une seule syllabe (*fast, long*), les longs sont tous les autres (*calmly, often, progressively*).

adjectif ou adverbe	comparatif de supériorité	superlatif de supériorité
• **COURT**	*-er*	*-est*
short	*shorter*	*the shortest*
silly	*sillier*	*the silliest*
fast (adverbe)	*faster*	*the fastest*
• **LONG**	*more*	*most*
frequent	*more frequent*	*the most frequent*
calmly (adverbe)	*more calmly*	*the most calmly*
• **IRRÉGULIERS**		
good, well	*better*	*the best*
bad(ly)	*worse*	*the worst*
	comparatif d'infériorité	**superlatif d'infériorité**
short	*less short*	*the least short*
frequent	*less frequent*	*the least frequent*
	comparatif d'égalité	
short	positif : *as frequent*	
frequent	négatif : *not as/so frequent*	

Ne confondez pas :

This restaurant is MORE expensive THAN I thought.
Ce restaurant est plus cher que je ne croyais.
This restaurant is AS expensive AS the Ritz Hotel.
Ce restaurant est aussi cher que le Ritz.
This restaurant is THE MOST expensive (THAT) I know.
Ce restaurant est le plus cher que je connaisse.

On remplace souvent le comparatif d'infériorité ***LESS** big*

– par le comparatif d'égalité négatif : ***NOT** so big*

– ou par le comparatif de supériorité du contraire : *small**ER***

Après ***THAN*** et ***AS***, on trouve souvent une reprise par auxiliaire, ou la forme de complément des pronoms :

Desmond was hungrier than I was. / Desmond was hungrier than me. Desmond avait plus faim que moi.

Comparatif et superlatif existent aussi pour les noms :

I'm sure Desmond ate more oysters than I did. Je suis sûr que Desmond a mangé plus d'huîtres que moi.

Au comparatif d'égalité, attention aux dénombrables et indénombrables :

Desmond ate as many oysters as Priscilla. Desmond a mangé autant d'huîtres que Priscilla.

Desmond ate as much custard as Priscilla. Desmond a mangé autant de crème que Priscilla.

Pour indiquer une intensification constante, on emploie un double comparatif :

Their songs are getting more and more interesting. ...de plus en plus intéressantes.

Their songs are getting sillier and sillier. ...de plus en plus bêtes.

Exercices

A. Mettez au comparatif de supériorité, puis au superlatif.

1. interesting 2. fast 3. simple 4. bad 5. pretty 6. tall 7. pleasant 9. white

B. *AS*, *THAN* ou *THAT* ?

1. The film is not as amusing .... the book. 2. This is the best film .... I have seen this month. 3. Your idea was better .... mine. 4. Betsy acts more naturally .... Ringo. 5. We must get there as early .... we can. 6. Can't you drive faster .... that? 7. Wouldn't you like to drive the most luxurious car .... money can buy? 8. This is less interesting .... I thought. 9. They don't work as hard .... they could. 10. This film is even worse .... I expected.

C. Traduisez.

1. Quel est le métal le plus précieux ? 2. L'uranium est bien plus cher que l'or ou le platine. 3. Le pétrole est de plus en plus cher. 4. C'est bien pire que l'année dernière. 5. Ça devient de pire en pire. 6. N'achetez pas toujours le produit le moins cher. 7. Est-ce que vraiment l'aluminium est moins précieux que l'or ? 8. Je vais te montrer le restaurant le plus cher que je connaisse. 9. Il travaille moins que moi. 10. Lucy chante mieux que Linda a jamais chanté.

Test de niveau
Fiches 33 à 36

Vérifiez vos réponses à l'aide du corrigé p. 198 et comptabilisez vos points.

1 **Fabriquez des génitifs avec les éléments donnés en opérant les modifications nécessaires.**

1. <Jimmy Harrison - the new record> 2. <the interesting ideas - they> 3. <the shoes - that tall blonde girl> 4. the former girlfriend - Max> 5. <the three Dalmatian dogs - my two friends> 6. <the dreadful accident - yesterday>

Votre score ..../6

2 **Exercez-vous à interpréter les noms composés en lisant à partir de la droite.**

1. fairy tale 2. account number 3. race horse
4. tea-table 5. generation gap 6. arms race

Votre score ..../6

3 **Remettez dans l'ordre.**

1. a car / red / big 2. hair / blonde / beautiful 3. letters / long / very interesting
4. a drink / pleasant / cool 5. the tennis player / French / most gifted

Votre score ..../5

4 **Quelle forme pour le mot entre crochets ? Singulier ou pluriel, article ou non, ajout d'un autre mot ?**

1. <Irish> don't much like <English> 2. There are two <Welsh> and a <French> in the team 3. There are two <German> and a <Japanese> in the semi-final 4. My sister is <tall> over there

Votre score ..../4

5 **Traduisez.**

1. les monuments parisiens 2. un poteau <POST> métallique 3. un restaurant new yorkais 4. mon thé du matin 5. une maison en brique 6. la bourse de Londres

Votre score ..../6

6 **Déchiffrez les groupes nominaux.**

1. a 53-year-old Miami resident 2. smoking-related diseases 3. CBS Broadcast Group president Howard Stringer 4. super-sensitive electronic light detectors

Votre score ..../4

7 **Assemblez ces propositions de façon à former une phrase unique. Les mots en gras devront disparaître et être remplacés par un pronom relatif.**

1. The story - the song tells **a story** - is rather strange. 2. That song - you were listening to **it** - was written by Barry. 3. That chap - you like **his** songs - is a friend of mine. 4. The album - the title **of the album** hasn't been chosen yet - should come out soon. 5. There are several recording studios in the town - Barry comes from **that town**.

Votre score ..../5

8 **Mettez au comparatif de supériorité.**

1. silly 2. long 3. amusing 4. slow 5. ordinary 6. good

Votre score ..../6

9 ***AS, THAN* ou *THAT* ?**

1. The book is not as interesting .... the film. 2. His idea was better .... mine. 3. Can you run faster .... a dog? 4. This is the best shirt .... you can buy. 5. Linda speaks German more fluently .... Betty does. 6. He drank up the glasses as fast .... we could fill them. 7. This is less interesting .... I thought. 8. They don't work as hard .... they should.

Votre score ..../8

Score total : .... points × 2 = .../100

Appréciation du score :

90-100 : TRÈS BIEN **75-89 :** bien **60-74 :** honnête **40-59 :** médiocre
moins de 40 : nettement insuffisant

Prépositions et conjonctions

Fiche 37

1 Ce qu'est une préposition

Une préposition introduit un groupe nominal, c'est-à-dire au moins un nom (*This was painted by Picasso*).

Une préposition sert à relier le groupe nominal soit à un autre groupe nominal (*the roses in your garden*), soit à un verbe ou adjectif (*She was dreaming about her boy-friend / They are interested in the project*), soit à l'ensemble d'une proposition (*In the morning, they wrote letters*).

Il ne faut pas confondre les prépositions :

(a) avec les conjonctions, qui introduisent une proposition entière (voir ci-dessous **3**) et la relient à une autre proposition :

He listens to music while he works.

(b) avec le particules adverbiales, qui sont une précision apportée au verbe, mais qui n'introduisent rien (voir Fiche 23) :

They all ran out. (*out* est une particule adverbiale)

Switch on the light (équivalent de *[Switch on] the light*, ce qui permet d'avoir aussi *Switch the light on*. *On* est une particule adverbiale.)

Dans plusieurs cas, le groupe nominal que la préposition introduit n'est pas placé après celle-ci, mais on le retrouve ailleurs dans la phrase :

Questions :

What are you waiting for? (= for what)

Propositions relatives :

Here is the train (that) I was waiting for. (= for that = for the train)

Passif :

The letters haven't been called for. (> No one has called for the letters) Les lettres n'ont pas été réclamées.

S'il n'y a pas de groupe nominal du tout, il ne peut pas y avoir de préposition :

I am waiting. J'attends (mais on ne sait pas quoi).

Les prépositions peuvent être suivies d'un verbe à condition qu'il soit au gérondif (et surtout pas à l'infinitif) :

After playing football, they always take a shower. Après avoir joué au football, ils prennent toujours une douche.

2 Liste des prépositions

Les sens de base des principales prépositions sont donnés ici, mais elles ont bien sûr d'autres sens.

A. Sens spatiaux

at à	*to* à (déplacement) *toward(s)* vers	*from* de
in dans, à *inside* à l'intérieur de *outside* à l'extérieur de *within* à l'intérieur de	*into* dans (déplacement)	*out of* (hors) de
	through à travers, par *throughout* sur toute l'étendue de *beyond* au-delà de	

on / (upon) sur *above* au-dessus de	*(onto)* sur (déplacement) *up* vers le haut (avec ou sans déplacement), au bout de	*off** contraire de sur *over* par dessus, sur toute l'étendue de, de l'autre côté
under sous *below* au-dessous de	*down* vers le bas (avec ou sans déplacement), au bout de	

* Méfiez-vous de ***OFF***, mal connu :

The train went off the rails. Le train est sorti des rails.

in front of devant *before* devant, avant *against* contre	*behind* derrière *after* après *far from* loin de
by / near / beside à côté de *along* le long de, au bout de	*opposite* en face de *across* en travers de, de l'autre côté de

about	*around*
dans (vague)	autour de, près de /dans
between	*among*
entre	parmi

B. Sens temporels

at / in / on	*before*	*after*
à, en	avant	après
during	*for*	*since*
pendant	pendant, depuis	depuis
	until / till / up to	
	jusqu'à	

C. Relations abstraites

Cause

because of	*owing to*	
à cause de	en raison de	
thanks to	*following*	
grâce à	à la suite de	
from	*for*	*through*
par, de	à cause de, pour	à cause de, par, de
out of	*with*	
par	par, de	

Opposition

in spite of
malgré

But

for
pour

Manière, moyen

with	*without*
avec	sans

Comparaison	**Identification**
like	*as*
comme	comme, en tant que
unlike	
à la différence de	

Ne confondez pas :

She works like a slave. Elle travaille comme une esclave. (comparaison)

She works as a waitress. Elle travaille comme serveuse. (identification)

Autres

except, but	*of*	*instead of*
sauf de	de	à la place de, au lieu

Il existe aussi des prépositions composées, par exemple : *in favour of, by means of.*

3 Conjonctions

Les conjonctions relient des propositions entre elles.

Quelques conjonctions ont la même forme ou presque que des prépositions.

They stayed in the house BECAUSE it was raining. (conjonction)

Ils sont resté à l'intérieur **parce qu'**il pleuvait.

They stayed in the house BECAUSE of the rain. (préposition)

Ils sont resté à l'intérieur **à cause de** la pluie.

They came out AFTER it rained. Ils sont sortis **après qu'**il ait plu.

They came out AFTER the rain. Ils sont sortis **après** la pluie.

Cause	**But**
because parce que	*in order to / so as to* pour, afin de
since puisque	*in order that / so that* pour que, afin que
as comme	

Conséquence

so (that) de sorte que, si bien que

Concession/contraste

although / though bien que
while / (whereas) tandis que

Condition

if si	*unless* à moins que
as long as du moment que	
provided pourvu que	
in case au cas où	

Comparaison

as / like comme
as though / as if comme si

Temps

when quand
before avant que
after après que
until jusqu'à ce que
since depuis que
once / as soon as / the moment dès que, aussitôt que
as / while pendant que, tandis que

Ne confondez pas :

Jim slept during the lecture. Jim a dormi pendant le cours.

Jim slept while the teacher spoke. Jim a dormi pendant que le professeur parlait.

Exercices

A. Insérez une préposition dans la phrase. Le sens recherché est donné en français.

1. They sailed .... Scotland. *[destination]* 2. They sailed .... Scotland. *[lieu]* 3. Go .... that door. *[par]* 4. Wear a jacket .... your shirt. *[par dessus, recouvrant]* 5. The balloon was .... the church. *[au-dessus]* 6. The cat jumped .... the table. *[par dessus]* 7. The remperature is five degrees .... zero *[au-dessous]* 8. Their house is .... the road. *[au bout]* 9. Their house is .... the post-office. *[en face]* 10. Their house is .... the street. *[de l'autre côté]* 11. There are several big farms .... the village. *[autour]* 12. Throw your (chewing) gum .... the wastepaper basket. *[destination l'intérieur]* 13. Don't throw peanut shells .... the window. *[destination l'extérieur]* 14. Their house is .... the village. *[loin]*

B. Insérez une préposition dans la phrase. Le sens recherché est donné en français.

1. He met her twice .... the trial. *[après]* 2. He has met her twice .... the trial. *[depuis]* 3. They worked very hard .... the trial. *[jusqu'à]* 4. He has been in New York .... two weeks. *[depuis]* 5. He was in New York .... two weeks. *[pendant]* 6. He has been in New York .... the holidays. *[depuis]* 7. He was in New York .... the holidays. *[pendant]* 8. They have been working very hard .... last week. *[depuis]*

C. Ici aussi, trouvez la préposition, le sens est toujours qu'un événement se produit au moment mentionné.

1. .... night 2. .... the morning 3. .... October 4. .... Thursday 5. ... the day of the wedding 6. .... Friday morning 7. .... those days 8. .... the trial 9. .... 8 o'clock 10. .... Christmas

D. Traduisez en employant une préposition ou une conjonction.

1. Les enfants ont regardé la télé pendant qu'il pleuvait. 2. Les enfants ont mangé plusieurs paquets de popcorn pendant l'émission. 3. Nous avons pu rencontrer la vedette après l'émission. 4. Tout le monde connaît le visage de cet écrivain depuis qu'il est passé *[be]* à la télé. 5. Pour que son livre soit lu par tout le monde, cet écrivain passe tous les jours à la télé. 6. Il passe souvent à la télé grâce à ses relations. 7. Avant d'allumer la télé, regarde le programme. 8. Au lieu de regarder la télé, tu ferais mieux de sortir la poubelle.

Les verbes irréguliers

Fiche 38

Les verbes irréguliers anglais sont faciles à apprendre puisqu'il n'y a que trois formes à retenir.

De plus, vous pouvez les regrouper ; par exemple :

> ceux qui ont trois formes identiques, comme ***hit, cut, let***
>
> les types : ***break/broke/broken*** ou ***drive/drove/driven***

Cherchez à fabriquer vos propres regroupements.

bear	***bore***	***born***	porter
beat	***beat***	***beaten***	battre
become	***became***	***become***	devenir
begin	***began***	***begun***	commencer
bend	***bent***	***bent***	courber
bet	***bet***	***bet***	parier
bind	***bound***	***bound***	lier
bite	***bit***	***bitten***	mordre
bleed	***bled***	***bled***	saigner
blow	***blew***	***blown***	souffler
break	***broke***	***broken***	casser
breed	***bred***	***bred***	élever
bring	***brought***	***brought***	apporter
build	***built***	***built***	construire
burn	***burnt***	***burnt***	brûler
burst	***burst***	***burst***	éclater
buy	***bought***	***bought***	acheter
cast	***cast***	***cast***	lancer
catch	***caught***	***caught***	attraper
choose	***chose***	***chosen***	choisir
come	***came***	***come***	venir
cost	***cost***	***cost***	coûter
creep	***crept***	***crept***	ramper
cut	***cut***	***cut***	couper
deal	***dealt***	***dealt***	distribuer
dig	***dug***	***dug***	creuser
do	***did***	***done***	faire
draw	***drew***	***drawn***	tirer
dream	***dreamt***	***dreamt***	rêver
drink	***drank***	***drunk***	boire
drive	***drove***	***driven***	conduire

eat	*ate*	*eaten*	manger
fall	*fell*	*fallen*	tomber
feed	*fed*	*fed*	nourrir
feel	*felt*	*felt*	sentir
fight	*fought*	*fought*	combattre
find	*found*	*found*	trouver
flee	*fled*	*fled*	fuir
fly	*flew*	*flew*	voler
forbid	*forbade*	*forbidden*	interdire
forecast	*forecast*	*forecast*	prédire
forget	*forgot*	*forgotten*	oublier
forgive	*forgave*	*forgiven*	pardonner
freeze	*froze*	*frozen*	geler
get	*got*	*got*	se procurer
give	*gave*	*given*	donner
go	*went*	*gone*	aller
grow	*grew*	*grown*	pousser
hang	*hung*	*hung*	pendre
have	*had*	*had*	avoir
hear	*heard*	*heard*	entendre
hide	*hid*	*hidden*	cacher
hit	*hit*	*hit*	frapper
hold	*held*	*held*	trenir
hurt	*hurt*	*hurt*	faire mal
keep	*kept*	*kept*	garder
kneel	*knelt*	*knelt*	être à genoux
knit	*knit*	*knit*	tricoter
know	*knew*	*known*	savoir
lay	*laid*	*laid*	poser
lead	*led*	*led*	mener
lean	*leant*	*leant*	incliner
leap	*leapt*	*leapt*	sauter
learn	*learnt*	*learnt*	apprendre
leave	*left*	*left*	quitter
lend	*lent*	*lent*	prêter
let	*let*	*let*	laisser
lie	*lay*	*lain*	être allongé
lose	*lost*	*lost*	perdre
make	*made*	*made*	fabriquer
mean	*meant*	*meant*	signifier

meet	*met*	*met*	rencontrer
mow	*mowed*	*mown*	tondre
pay	*paid*	*paid*	payer
put	*put*	*put*	mettre
quit	*quit*	*quit*	abandonner
read	*read*	*read*	lire
ride	*rode*	*ridden*	être à cheval
ring	*rang*	*rung*	sonner
rise	*rose*	*risen*	monter
run	*ran*	*run*	courir
saw	*sawed*	*sawn*	scier
say	*said* [sed]	*said*	dire
see	*saw*	*seen*	voir
seek	*sought*	*sought*	chercher
sell	*sold*	*sold*	vendre
send	*sent*	*sent*	envoyer
set	*set*	*set*	placer
sew	*sewed*	*sewn*	coudre
shake	*shook*	*shaken*	secouer
shine	*shone*	*shone*	briller
shoot	*shot*	*shot*	faire feu
show	*showed*	*shown*	montrer
shrink	*shrank*	*shrunk*	rétrécir
shut	*shut*	*shut*	fermer
sing	*sang*	*sung*	chanter
sit	*sat*	*sat*	être assis
sleep	*slept*	*slept*	dormir
slide	*slid*	*slid*	glisser
smell	*smelt*	*smelt*	sentir
sow	*sowed*	*sown*	semer
speak	*spoke*	*spoken*	parler
spell	*spelt*	*spelt*	épeler
spend	*spent*	*spent*	dépenser
spit	*spat*	*spat*	cracher
split	*split*	*split*	fendre
spoil	*spoilt*	*spoilt*	gâter
spread	*spread*	*spread*	répandre
stand	*stood*	*stood*	être debout
steal	*stole*	*stolen*	voler
stick	*stuck*	*stuck*	coller

sting	*stung*	*stung*	piquer
stink	*stank*	*stunk*	puer
strike	*struck*	*struck*	frapper
swear	*swore*	*sworn*	jurer
sweep	*swept*	*swept*	balayer
swell	*swelled*	*swollen*	gonfler
swim	*swam*	*swum*	nager
take	*took*	*taken*	prendre
teach	*taught*	*taught*	enseigner
tear	*tore*	*torn*	déchirer
tell	*told*	*told*	dire
think	*thought*	*thought*	penser
throw	*threw*	*thrown*	jeter
thrust	*thrust*	*thrust*	pousser
understand	*understood*	*understood*	comprendre
wake	*woke*	*woken*	éveiller
wear	*wore*	*worn*	porter
weep	*wept*	*wept*	pleurer
win	*won*	*won*	gagner
wind	*wound*	*wound*	enrouler
wring	*wrung*	*wrung*	tordre
write	*wrote*	*written*	écrire

Exercices

A. Quelle est la différence entre *SAID* et *LAID* ?

B. Quelle est la différence entre *RING* et *WRING* ? Entre *STING* et *STINK* ?

C. Quelle est la différence entre *FLOW*, *SHOW* et *THROW* ? Il y a un piège.

D. Quelle est la différence entre *WRITE* et *STRIKE* ?

E. Quelle est la ressemblance entre *WEEP* et *THINK* ?

F. Fabriquez vous-même des questions du même genre, elles vous aideront à mémoriser les verbes.

SECTION 4

PRONONCER

Présentation
Tout est dans le rythme

Pouvoir se faire passer pour un Anglais ou un Américain, c'est un idéal auquel il ne faut pas renoncer. Mais dans un premier temps, il est déjà essentiel d'être compréhensible, et de ne pas risquer de se couvrir de ridicule.

Tout est dans le rythme.

Ceci est valable pour la phrase comme pour les mots. Et le rythme dépend de l'accentuation. Il faut donc déjà savoir où placer l'accent.

Note : Consultez éventuellement l'alphabet phonétique en ANNEXE.

Fiche 39

L'accent des mots

Dès qu'un mot a plus d'une syllabe, il contient une syllabe qui porte un accent bien marqué, et les autres syllabes paraissent faibles par comparaison. Très fréquemment, les voyelles des syllabes non accentuées se réduisent alors à [ə] ou [ɪ] :

MAnage ['mænɪdʒ]
baNAna [bə'nɑːnə]

Donc :

- bien marquer la syllabe accentuée,
- réduire les voyelles des syllabes inaccentuées,
- et bien sûr ne pas se tromper de syllabe accentuée.

Une majorité de mots de deux syllabes sont accentués sur la première syllabe :

surface, comfort, London, mountain, woman, village

Pourtant un nombre assez important de mots de deux syllabes sont accentués sur la deuxième syllabe :

again, begin, Japan, compare, escape

Dans tous ces cas réduisez bien les voyelles non accentuées.

Il arrive qu'un verbe et un nom aient la même forme mais soient accentués différemment

nom 1re syllabe	**verbe** 2e syllabe
a REcord ['rekəd]	*to reCORD* [rə'kɔːd]
a SUSpect ['sʌspekt]	*to susPECT* [səs'pekt]
an UPgrade ['ʌpgreɪd]	*to upGRADE* [ʌp'greɪd]

Mais ce n'est pas toujours le cas : ***com**ment* ['kɒment] nom (= commentaire) et verbe (= commenter). De même pour ***ac**cess* ['ækses] (= accès et accéder).

Par ailleurs, vous voyez ici que les voyelles non accentuées ne sont pas toujours réduites.

Voici quelques mots de plus de deux syllabes qui montrent la place de l'accent et la réduction des voyelles :

CHAracter ['kærəktə], *DEFinitely* ['defɪnɪtlɪ],
LITerature ['lɪtrətʃə], *INTeresting* ['ɪntrəstɪŋ],
OPposite ['ɒpəzɪt]. *adVANtage* [əd'vɑːntɪdʒ],
exPENsive [ɪks 'pensɪv], *imPOSsible* [ɪm 'pɒsɪbl],
reMEMber [rə 'membə].

Exercices

Accent des mots et réduction des voyelles

A. Prononcez les mots de deux syllabes en plaçant bien l'accent et en réduisant la voyelle non accentuée.

(a) **ba**con **Bri**tain **sen**tence **of**fice **ma**nage

(b) be**long** **gar**bage to**day** e**xam** mis**take** re**pair** po**lice**

(c) Trouvez où est l'accent et prononcez :

Christmas July because Monday factory damage

invite pilot freedom prefer woman

B. Prononcez les mots de plus de trois syllabes en plaçant bien l'accent (indiqué en gras) et en réduisant les voyelles non accentuées.

um**bre**lla **yes**terday **li**brary py**ja**mas **e**lephant **Ca**nada ex**pen**sive **for**tunately i**ma**gine **a**verage to**mo**rrow **ne**cessary

L'accent et les suffixes

Fiche 40

Les suffixes sont les terminaisons diverses qui peuvent s'ajouter à un mot.

Beaucoup des suffixes ne changent pas la place de l'accent, mais certains « attirent » l'accent.

1 Suffixes qui attirent l'accent

• Avec le **suffixe** ***-ION***, l'accent se place sur la syllabe juste avant le suffixe :

constiTUtion, imagiNAtion, explaNAtion, oPInion.

Ceci est en fait valable chaque fois qu'un suffixe contient **un *-I-* suivi d'une voyelle** :

conVEnient, deLIcious

Comparez l'accentuation de l'adjectif *industrial* à celle du nom *industry* :

inDUstrial ***INdustry***

Attention

S'il y a (au moins) deux syllabes avant l'accent principal, il y a un **accent secondaire**. L'accent secondaire se place généralement deux syllabes avant l'accent principal (principe de rythme : alternance faible / forte), et la voyelle sous l'accent secondaire n'est pas réduite :

constitution [ˌkɒnstɪ ˈtjuːʃən]

imagination [ɪˌmædʒɪ ˈneɪʃən]

• La **finale** ***-IC*** (et ***-ICAL***, ***-ICAN***) attire également l'accent juste avant elle :

ecoNOmic, elecTROnics, philoSOphical, rePUblican

Mais attention, il y a ici quelques exceptions : ***PO****litics*, ***CA****tholic*.

• La **finale** ***-ITY*** attire l'accent sur la syllabe juste avant elle :

acTIvity, uniVERsity

• Les **mots en** ***-ATE*** ont l'accent deux syllabes avant la fin :

inTERrogate, FORtunate

Attention : les verbes en ***-ATE*** ont leur finale prononcée /eit/, mais les noms et adjectifs en ***-ATE*** ont leur finale en /it/ :

inTERrogate [ɪn ˈterəgeɪt] opposé à ***FORtunate*** [ˈfɔːtʃənɪt]

Quand un verbe n'a qu'une syllabe avant ***-ATE***, l'accent reste sur ***-ATE*** :

dicTATE

2 Les suffixes qui ne modifient pas l'accentuation

- Les **terminaisons** ***-ED*** et ***-ING*** des verbes.

En particulier, remarquez que les verbes en ***-ATE*** conservent leur accentuation au prétérit ou au participe présent

inTERrogated, inTERrogating.

Cette règle se retrouve dans des noms dérivés comme *refrigerator* et *radiator*.

- Les **suffixes** ***-ER, -LY, -ABLE, -FUL, -LESS -NESS, -IST, -ISM*** (prononcé [ɪzəm])

La voyelle de ces suffixes est [ə] ou [ɪ].

PROgrammer
PRObably, PERfectly
COMfortable, FAshionable
COlourful, COlourless
NOthingness
SCIentist
CApitalism

On peut accumuler plusieurs suffixes qui ne changent pas l'accentuation :

USEfulness, USElessly

Si on ajoute un suffixe qui attire l'accent, l'accent, bien sûr, se déplace :

CApitalist *capitalIStic*

3 Les mots d'origine grecque

Remarquez la différence dans l'accentuation et les voyelles de :

PHOtograph ['fəʊtəgrɑːf] *phoTOgraphy* [fə 'tɒgrəfɪ]

On retrouve cette différence dans :

DEmocrat *deMOcracy*
SYnonym *syNOnymy*

L'accent se place **immédiatement avant** ***-LOGY, -SOPHY, -GRAPHY***

phiLOsophy, techNOlogy, psyCHOlogy, biOlogy, geOgraphy.

Même chose pour le nom des gens qui pratiquent ces disciplines :

phiLOsopher, geOgrapher, biOlogist, psyCHOlogist

Prononcez la voyelle qui porte l'accent [ɒ] (comme *dog*), bien ouverte.

Si on ajoute un suffixe qui attire l'accent, l'accent, bien sûr, se déplace :

philoSOphical

Exercices

A. Repérez les suffixes qui attirent l'accent, placez l'accent et prononcez.

America aluminium majority mathematics insufficient explanation identity economical situation democratic opportunity addition dynamic

B. (a) Entrainez-vous à prononcer ces mots d'origine grecque, où l'accent est indiqué en gras.

photograph pho**to**graphy **as**tronaut pho**to**grapher **mi**crophone aris**to**cracy

(b) Placez l'accent et prononcez

atmosphere astronomy democrat astronomer epilogue democracy

C. Ces mots d'origine grecque se voient ajouter un suffixe qui attire l'accent.

(a) Contrastez les deux mots

photograph	photo**gra**phic
democrat	demo**cra**tic

(b) Placez l'accent et prononcez

characteristic biological astronomical aristocratic economics

D. Ces mots ont un suffixe qui ne modifie pas l'accentuation. Prononcez-les en conservant bien l'accentuation du mot auquel a été ajouté le suffixe.

beautiful suddenly musical amplifier physicist probably
heaviness definitely numberless scientist perfectly
reasonable hopefully bitterness Puritanism additional
Americanism nervousness reasonably narrowness
economically characteristically beautifully

E. Prononcez les lignes suivantes en faisant attention de ne pas déplacer l'accent.

operate	operated	operating
imitate	imitated	imitating
hesitate	hesitated	hesitating
graduate	graduated	graduating
e**xa**ggerate	exaggerated	exaggerating
separate	separated	separating

L'accent de phrase

Fiche 41

Par dessus l'accent de mot, il y a l'accent de phrase. Dans une phrase, les mots « lexicaux » (noms, verbes, adjectifs, adverbes) sont accentués, mais les mots « grammaticaux » (déterminants, pronoms, prépositions, auxiliaires) ne sont pas accentués, et généralement leurs voyelles sont réduites. C'est de cette manière qu'on obtient le rythme essentiel de l'anglais, qui permet, notamment, de le chanter de façon efficace.

Voici quelques phrases où sont indiqués les accents de phrase :

They should have TOLD you.
We could GO to the CInema.
MARgaret didn't LIKE the FILM.
His FRIENDS are GLAD he LEFT.

Il faut connaître les formes réduites des mots non accentués (voir Fiche 46).

Un cas important : prépositions et particules adverbiales

Dans *Turn on the tap*, la particule ***ON*** porte un accent (ainsi que le verbe) :

Turn ON the tap. *Turn OFF the tap.*

Contrastez avec *Sit on the floor*, où le mot ***ON*** est une préposition, qui n'est pas accentuée :

SIT on the FLOOR.

Exercices

A. Prononcez les phrases qui suivent en respectant les accents de phrase indiqués, en faisant les réductions et donnant bien le rythme.

I am **NOT** very **HUNG**ry.

Do you **KNOW** his **NAME**?

WHAT are you **LOOK**ing for?

Is she **TELLING** the **TRUTH**?

She is an **EX**cellent **PLAY**er.

JIM has for**GOT**ten his **BOOKS**.

MAGgie is **LEAV**ing to**MOR**row.

I'd **LOVE** to **PLAY** the **TRUM**pet.

She **MAKES** a **LOT** of **MON**ey.

They are **SURE** they will **WIN** the **MATCH**.

B. Prononcez ces phrases qui contiennent des prépositions et des particules adverbiales. Les accents de phrase sont indiqués.

prépositions	**particules**
He **SWAM** in the **LAKE**.	She **LOOKED UP** the **WORD**.
He **WALKED** on the **ROOF**.	She **WENT ON WORK**ing.
The **CAR WENT** off the **ROAD**.	He **PUT ON** his **SHIRT**.
They **RAN** up the **STAIRS**.	He **SWITCHED OFF** the **LIGHT**.

Voyelles et consonnes

Fiche 42

1 Voyelles

A. Donnez bien leur son aux diphtongues

Il faut éviter qu'on ne risque de les confondre avec certaines voyelles.

- [eɪ]

Diphtonguez bien *taste*, avec la voyelle de *snail*. Contrastez :

Taste it (goûtez-le) *Test it* (essayez-le)

Diphtonguez bien la voyelle de *stranger*.

- [əʊ]

Diphtonguez bien *coast*, avec la voyelle de *goat*, Contrastez :

The cost is heavy. *The coast is near.*

- [aʊ]

Ouvrez bien la bouche pour [aʊ] :

Those cows are brown.

B. Distinguez les voyelles tendues et non tendues

tendu	non tendu
sheep [iː]	*ship* [ɪ]
moon [uː]	*book* [ʊ]

Dans les syllabes accentuées, les voyelles non tendues restent non tendues. Par exemple, dans le verbe *consider*, la lettre ***i*** de la syllabe accentuée se prononce toujours [ɪ] (comme dans le mot *pig*), évitez de modifier cette voyelle (malgré la tentation) : *con**si**der*.

C. La voyelle tendue [ɔː] (comme dans *horse*)

Elle a tendance à s'ouvrir à la fin, ce qui permet de bien la distinguer de la diphtongue [əʊ], qui, elle, se ferme.

Contrastez :

low [əʊ]	*law* [ɔː]
coat [əʊ]	*court* [ɔː]

Law et *court* ont la même voyelle [ɔː].

D. Anglais américain

C'est la prononciation britannique « standard » qui est décrite ici parce qu'elle est celle qui est enseignée dans les écoles en France. L'anglais américain se distingue au niveau des voyelles de la façon suivante :

- la diphtongue de *low* a un point de départ nettement arrondi : [loʊ]
- la voyelle de *dog* est aussi ouverte que celle de *father* : [dɑːg]. L'américain *god* se prononce donc comme le britannique *guard*.

– la voyelle de *law* est chez beaucoup d'Américains identique à celle de *dog*, et donc à celle de *father*.

– Le groupe [juː] de *tune* est généralement prononcé [uː] : [tuːn], après les consonnes [t], [d], [s], [n], [l] :

duty [duːtɪ] *new* [nuː]

2 Consonnes

A. En anglais de Grande-Bretagne, on ne prononce pas de *r* en finale d'un mot (ou avant une autre consonne)

Par exemple :

car [kɑː], *cart* [kɑːt], *tyre* [taɪə]

Donc, surtout pas de ***r*** à la finale de *fire*, et vous conservez cette prononciation dans *fireman*.

Par contre les Américains ont le célèbre ***r*** « rétroflexe », la langue recourbée vers l'arrière, qui colore les voyelles en fin de syllabe.

B. N'oubliez pas de souffler nettement le [h] au début des mots

happy, here, hope

Pourtant, la lettre <***h***> ne se prononce pas dans quelques cas exceptionnels :

honest, hour

C. En anglais américain, le [t] entre deux voyelles devient souvent [d]

duty ['duːdɪ] *water* ['wɑːdər]

Exercices

A. Contrastez la prononciation des mots de chaque paire.

[eɪ]	[e]	[əʊ]	[ɒ]
taste	test	pope	pop
late	let	coke	cock
mate	met	hope	hop
weight	wet	road	rod

[əʊ]	[ɔː]	[iː]	[ɪ]
boat	bought	sleep	slip
sow	saw	beat	bit
coat	court	seat	sit
coat	caught	cheap	chip
		sheep	ship

[uː]	[ʊ]
shoot	foot
cool	wool
food	good
boot	book

B. (a) Prononcez les mots commençant par *h*. Attention au piège.

how hole history honest hide huge home ham hour hit

(b) Prononcez.

a hole an hour a huge ham at home an honest man

(Voir le corrigé pour cet exercice)

C. Prononcez ces mots qui contiennent un <r>.

here	more	future
bar	there	sister
fire	far	sure
dirty	re**cord**	tired
their house	her car	our dog

Fiche 43

Orthographe et prononciation (1)

L'orthographe de l'anglais possède des règles qui reflètent la prononciation des voyelles, et qui vous aident donc.

Lisez chaque ligne du tableau qui suit.

Voyelle écrite + une seule consonne puis voyelle écrite	Voyelle écrite + consonne finale	Voyelle + deux consonnes écrites
bite [baɪt]	*bit* [bɪt]	*bitter* ['bɪtə]
Pete [pi:t]	*met* [met]	*better* ['betə]
bake [beɪk]	*back* [bæk]	*backer* ['bækə]
cute [kju:t]	*cut* [kʌt]	*cutter* ['kʌtə]
cope [kəʊp]	*cop* [kɒp]	*copper* ['kɒpə]

Règle spéciale quand il y a un ***R*** écrit

Voyelle + *r* final ou r puis consonne	Voyelle + *r* puis voyelle
fir [fɜ:]	*fire* [faɪə]
her [hɜ:]	*here* [hɪə]
surf [sɜ:f]	*sure* [ʃʊə]
car [kɑ:]	*care* [keə]
sort [sɔ:t]	*sore* [sɔə]

Cette règle de correspondance entre l'orthographe et la prononciation explique pourquoi on doit redoubler la consonne finale écrite des verbes au prétérit et aux formes de participe :

hop hopped hopping (verbe « sauter »), pour conserver le [ɒ]

Si on écrivait *hoped*, on aurait [həʊpt] (verbe « espérer »).

À l'inverse, ne pas redoubler inutilement :

write writing, pour conserver [aɪ].

Il est seulement malheureux que les exceptions qui existent se concentrent sur des mots très courants :

British [ɪ], *finish* [ɪ], *cinema* [ɪ], *prison* [ɪ]
camera [æ], *family* [æ], *manage* [æ]
holiday [ɒ], *honest* [ɒ]
punish [ʌ]. *study* [ʌ]
post [əʊ], *taste* [eɪ]

Ne confondez pas l'adjectif *live* [laɪv] avec le verbe *live* [lɪv].

Ajoutons quelques mots courants qui font exception de façon scandaleuse :

> ***again*** [ə'gen], ***clerk*** [klɑːk], ***any*** ['enɪ], ***many*** ['menɪ], ***do*** [duː], ***England*** ['ɪnglənd], ***island*** ['aɪlənd], ***prove*** [pruːv],
> ***through*** [θruː], ***bury*** ['berɪ], ***busy*** ['bɪzɪ], ***there*** [ðeə], ***build*** [bɪld]

Fiche 44

Orthographe et prononciation (2)

Voici quelques conseils pour prononcer à partir de l'écrit.

1 La lettre <o> a trois prononciations principales

comme *dog*	comme *duck*		comme *goat*
laboratory	*money*	*nothing*	*comb*
philosophy	*mother*	*does*	*program*
geography	*brother*	*done*	*process(ing)*
psychology	*son*	*month*	
biology	*love*	*front*	
product	*above*	*discovery*	
	come	*stomach*	

2 Le groupe de lettres <ea> a trois prononciations

comme *bee*	comme *hen*	comme *snail*
meat	*dead*	*break*
beat	*ready*	*great*
dream	*leather*	*steak*
easy	*heavy*	
east	*measure*	
team		
feature		

À ce propos, contrastez le verbe *breathe* [briːð] (respirer) et le nom *breath* [breθ] (respiration).

3 La voyelle de DOZEN

C'est la même que celle de *couple* et *country*, c'est celle de *duck*.

4 Les mots qui se terminent en <-ind>

Ils se prononcent généralement [aɪnd] :

blind, behind, kind, mind.

Du même genre : *pint, mild, wild.*

Mais attention à *wind* [wɪnd], *window* ['wɪndəʊ], *mint* [mɪnt].

5 Les lettres <oo>

Elles se prononcent [ʌ] (comme *duck*) dans *flood* et dans *blood*.

6 Dans *quality*, la lettre <a> est prononcée [ɒ] comme dans *dog*

Lorsque la lettre <***a***> suit les consonnes <***qu***> prononcées [kw], ou aussi <***w***> ou <***wh***> prononcés [w] la voyelle s'arrondit :

quality, quantity, quarrel

what [wɒt] ***et water*** [wɔːtə]

7 Les lettres <-gh> se prononcent parfois [f]

cough, enough, rough, laugh

8 Lettres écrites qu'on ne prononce pas

- Une règle absolue :

  <kn> = [n] ***knee, know, knife***

  <ps> = [s] ***psychology***

- Au début du mot *whole*, la lettre <***w***> ne se prononce pas, mais il faut prononcer le <***h***> : *whole* = *hole*

Même chose pour *who* [huː], *whose* [huːz]

MAIS *what* [wɒt], *which* [wɪtʃ].

- Dans *guest, guardian,* pas de <***u***> prononcé : [gest], [ˈgɑːdjən].
- La lettre finale <***b***> n'est pas prononcée dans *bomb* [bɒm]. Elle ne l'est pas davantage dans :

  bombing [bɒmɪŋ], ***comb*** [kəʊm], ***tomb*** [tuːm], ***climb*** [klaɪm]

- Le <*l*> avant une consonne ne se prononce pas dans :

  would, could, should, walk, talk, half

MAIS *hold, shoulder, cold, salt,* etc. ont bien un <*l*> prononcé.

- Un <***t***> pris entre un <***s***> et une autre consonne ne se prononce pas :

  the Eas(t) coast, Wes(t)minster

- Le mot *prayer* n'a qu'une syllabe. La voyelle est celle de *bear* :

  prayer [preə]

Même chose pour *mayor* [meə].

Exercices

A. Prononcez les paires de mots

rap	rape	mill	mile
cat	Kate	not	note
back	bake	pip	pipe
us	use	fat	fate
Sam	same	Nick	nice
dinner	diner	hidden	hide
hopped	hoped	holly	holy
star	stare	Bert	mere
bar	bare	far	fare

B. Comment se prononcent ces participes présents ?

piping	stripping	noting	baking
tapping	hiding	starring	shaking
dining	staring	lacking	closing
crossing	betting	rubbing	tuning
stating	biting	tipping	skating

C. Pour les participes présents de quels verbes faut-il redoubler la consonne finale ?

meet	take	bet	bite	boat
close	cut	dig	drop	fit
blame	slim	win	dare	sin
vote	spot	cure	date	pat

Prononciation de la 3e personne du singulier, du pluriel des noms, du prétérit

Fiche 45

Le principe est simple : le moins d'effort possible. ATTENTION, ici il s'agit toujours des consonnes ou voyelles **prononcées** (pas écrites), c'est-à-dire que *love* se termine par une consonne.

1 Le *-s* de 3e personne du singulier des verbes

[z] après les consonnes sonores [b, d, g, v, ð, l, m, n] et les voyelles	[s] après les consonnes sourdes [p, t, k, f]	[ɪz] s'il y a déjà [z], [s], [dʒ],[tʃ]
adds [dz] *loves* [vz] *calls* [lz] *sees* [iːz] *breathes* [ðz]	*sits* [ts] *stops* [ps] *laughs* [lɑːfs]	*buzzes* [zɪz] *manages* [dʃɪz] *fixes* [ksɪz] *catches* [tʃɪz]

2 La règle est la même exactement pour le pluriel des noms

[z] après les consonnes sonores et voyelles	[s] après les consonnes sourdes	[ɪz] s'il y a déjà [z], [s], [dʒ], [tʃ]
dogs [gz] *labs* [bz] *sons* [nz] *cows* [kaʊz]	*rocks* [ks] *caps* [ps] *breaths* [θs]	*roses* [zɪz] *badges* [dʒɪz] *kisses* [sɪz] *matches* [tʃɪz]

3 Il suffit d'adapter le principe au prétérit

[d] après les consonnes sonores [b, g, v, l, m, n, z, dʒ] et les voyelles	[t] après les consonnes sourdes [p, k, f, s, tʃ]	[ɪd] s'il y a déjà [d] ou [t]
sobbed [bd] *loved* [vd] *called* [ld] *sighed* [saɪd]	*stopped* [pt] *laughed* [ft] *missed* [st]	*mended* [dɪd] *visited* [tɪd]

4 Précisions sur l'orthographe

- **Orthographe quand on ajoute *-S* (noms ou verbes)**

Mots en *Y*		Mots en *O*	
a quality	*qualities*	*a potato*	*potatoes*
I envy you	*He envies you*	*You go*	*He goes*

Mots en *X, S, Z, SH, CH*

a fox	*foxes*
an address	*addresses*
a quiz	*quizzes*
You catch	*He catches*

- **Orthographe quand on ajoute *-ED***

Verbes en *Y*		Verbes terminés par une voyelle *E* **écrite**	
empty	*emptied*	*arrive*	*arrived*
carry	*carried*	*agree*	*agreed*

- **Orthographe quand on ajoute *-ING***

Verbes en *Y*		Verbes terminés par une voyelle *E* **écrite**	
empty	*emptying*	*arrive*	*arriving*
carry	*carrying*	*agree*	*agreeing*

Ne pas oublier la règle consonne simple / consonne double pour préserver la prononciation :

tape [teɪp]	*taped*	*taping*
tap [tæp]	*tapped*	*tapping*

Formes réduites prononcées et contractions écrites

Fiche 46

Les auxiliaires et certains pronoms sont normalement prononcés avec une forme « réduite », et c'est essentiel pour donner à une phrase sont rythme :

*He is a **FOOL**.* [hɪzəˈfuːl]

*I **SAW** them.* (*them* = [ðəm])

- ***NOT*** se réduit à [nt] attaché à la voyelle qui précède :

we aren't [ɑːnt] *they don't* [dəʊnt]

Il faut éventuellement « créer » cette voyelle par ajout d'un [ə] :

she isn't [ɪzənt] *she doesn't* [dʌzənt]

- ***BE*** et ***HAVE***

Quand les formes de ***BE*** et ***HAVE*** commencent par une voyelle, elles la perdent et s'accrochent à ce qui précède :

is	*Matt's a fool.* [mæts]	*John's a fool.* [dʒɒnz]
has	*Matt's lost.* [mæts]	*John's lost.* [dʒɒnz]

Respecter ici la même règle de prononciation que pour la troisième personne du singulier ou le pluriel.

are *They're crazy.* [ðeɪəˈkreɪzɪ]

have *I've lost.* [aɪvˈlɒst]

Quand ces formes commencent par une consonne, la voyelle se réduit en [ə] :

was [wəz] *She was right.* [ʃɪwəzˈraɪt]

were [wə] *They were wrong.* [ðeɪwəˈrɒŋ]

- Tout le monde connaît les réductions ***WILL*** → ***'LL***, et ***WOULD*** → ***'D***. Mais ne pas oublier que ***CAN*** → [kən].

*She can **SWIM**.* [ʃɪkənˈswɪm]

Les pronoms ***HE, HIM*** perdent souvent leur [h], et ***THEM*** se réduit à [ðəm].

- ***THERE IS***

*There's a **DOG** on my **BED**.* [ðəzəˈdɒg]

*There are **THINGS** you can't **SAY**.* [ðərəˈθɪŋz]

Comme on vient déjà de le voir, l'orthographe anglaise (bien plus que la française) tient compte de la prononciation réelle, avec des **contractions** qui reflètent les formes réduites :

I'm sure it isn't true.

She'd've known. (= *She would have known*)

Mais n'employez les contractions que dans un style décontracté, pour des lettres à des amis, mais pas dans des devoirs ou des candidatures.

L'alphabet phonétique

L'alphabet phonétique est pratique pour éviter les problèmes que provoque l'orthographe.

Ne cherchez pas à l'apprendre par cœur. Contentez-vous de le consulter quand vous avez une transcription phonétique à lire. Bientôt, vous le saurez sans effort.

Voyelles relâchées

[ɪ] *pig*
[e] *hen*
[æ] *cat*
[ə] *the*
[u] *bull, wolf*
[ʌ] *duck, dove*
[ɒ] *dog*

Voyelles tendues et diphtongues

[iː] *bee*
[ɪə] *deer*
[eɪ] *snail*
[eə] *bear*
[aɪ] *fly*
[aʊ] *cow*
[ɜː] *bird*
[ʊː] *goose*
[ʊə] *tour*
[əʊ] *goat*
[ɔɪ] *oyster*
[ɔː] *horse*
[ɑː] *shark*

Consonnes

Seuls les symboles qui diffèrent de l'orthographe sont donnés ici :

[k] *cock*
[j] *yeti*
[θ] *thrush*
[ʃ] *sheep*
[ŋ] *ring*
[ð] *the*
[dʒ] *judge*

Test de sortie

!

Vérifiez vos réponses à l'aide du corrigé p. 200 et comptabilisez vos points.

1 **Quelle est la question à laquelle cette phrase est une réponse :**
Their dog is black with long ears.
a. Which is their dog?
b. What is their dog like?
c. How is their dog like?
d. How is their dog?

2 **Quelle est la formule correcte ?**
a. Dolphins are very intelligent animals.
b. The dolphins are very intelligent animals.
c. Dolphins of the Carribean Sea are very intelligent animals.
d. The grey dolphins are very intelligent animals.

3 **Quelle est la phrase correcte ?**
a. That car, is it the one of Linda?
b. That car, is it Linda's one?
c. That car, is it Linda's?
d. That car, is it that of Linda?

4 **Quelle est la formule correcte ?**
a. Shakespeare's last three plays
b. the Shakespeare's last three plays
c. the last three Shakespeare's plays
d. the last three Shakespeare plays

5 **Quelle est la formule correcte ?**
a. the most interesting book as you can read this year
b. the more interesting book than you can read this year
c. the most interesting book that you can read this year
d. the book the most interesting that you can read this year

6 **Quelle est la phrase correcte ?**
a. Her new album, whose the title she hasn't chosen yet, should come out soon.
b. Her new album, whose title she hasn't chosen yet, should come out soon.
c. Her new album, which she hasn't chosen the title of yet, should come out soon.
d. Her new album, whose she hasn't chosen the title yet, should come out soon.

7 **Quelle est la phrase correcte ?**
a. Does it really cost four million dollars?
b. Does it really cost four millions dollars?
c. Does it really cost four millions of dollars?
d. Does it really cost four million of dollars?

8 **Une seule de ces formules est correcte. Laquelle ?**
a. too many luggage
b. too much news
c. too many news
d. too many time

9 **Quelle est la phrase correcte ?**

a. Margaret is twenty-five years.
b. Margaret is twenty-five years old.
c. Margaret is a twenty-five years old student.
d. Margaret is a twenty-five student.

10 **Quelle est la phrase correcte ?**

a. Your shorts has been washed.
b. Your short has been washed.
c. Your short have been washed.
d. Your shorts have been washed.

11 **Quelle est la bonne interprétation de *He might* have had an accident ?**

a. Il devrait avoir un accident.
b. Il pouvait avoir un accident.
c. Il aurait dû avoir un accident.
d. Il se pourrait qu'il ait eu un accident.

12 **Contredisez fortement la phrase *Susan must be at the office.***

a. It's ten p.m., Susan mustn't be at the office.
b. It's ten p.m., Susan may not be at the office.
c. It's ten p.m., Susan might not be at the office.
d. It's ten p.m., Susan can't be at the office.

13 **Mettez au passé *Joe must get his car repaired.***

a. Last month, Joe must have got his car repaired.
b. Last month, Joe had to get his car repaired.
c. Last month, Joe should get his car repaired.
d. Last month, Joe should have got his car repaired.

14 **Quelle est la phrase correcte ?**

a. Albert was sure he'd get a good job when he got his degree.
b. Albert was sure he'd get a good job when he'd got his degree.
c. Albert was sure he'd get a good job when he'd get his degree.
d. Albert was sure he'd get a good job when he'll get his degree.

15 **Quelle est la phrase correcte ?**

a. He has been the head of the company during ten years. He should retire soon.
b. He has been the head of the company for ten years. He should retire soon.
c. He is the head of the company for ten years. He should retire soon.
d. He was the head of the company for ten years. He should retire soon.

16 **Quelle est la phrase correcte ?**

a. I've seen that film before.
b. I've seen that film last month.
c. I saw that film before.
d. I've seen hat film just before dinner.

17 **Quelle est la phrase correcte ?**

a. Linda and Josh have been married since ten years.
b. Linda and Josh got married for ten years.
c. Linda and Josh have been married for ten years.
d. Linda and Josh have got married ten years ago.

18 **Quelle est la phrase correcte ?**

a. They were explained that there were no seats left.
b. They were told that there were no seats left.
c. They were said that there were no seats left.
d. It was explained them that there were no seats left.

19 **Quelle est la phrase correcte ?**

a. The boss told to his secretary to leave the room.
b. The boss told his secretary to leave the room.
c. The boss said to his secretary to leave the room.
d. The boss asked to his secretary to leave the room.

20 **Quelle est la phrase correcte ?**

a. The firemen made everybody going out at once.
b. The firemen made go out everybody at once.
c. The firemen made everybody go out at once.
d. The firemen made everybody to go out at once.

Votre score ..../20

Il est bien sûr souhaitable que vous ayez augmenté votre score par rapport au test d'entrée.

Appréciation du score :

de 18 à 20 : TRÈS BIEN. Maintenant, perfectionnez-vous avec un ouvrage plus détaillé.
de 15 à 17 : bien. Retravaillez quand même les points faibles.
de 12 à 15 : Pas mal, mais reprenez patiemment ce qui ne va pas.
de 8 à 11 : Vous n'êtes pas encore au niveau. Avez-vous vraiment bien lu les fiches et fait tous les exercices ?
au-dessous de 8 : Vous êtes certainement allé(e) trop vite. Tirez-en les conséquences.

CORRIGÉS DES EXERCICES

Corrigés

Test d'entrée

1. a 2. c 3. c 4. a 5. c 6. c 7. a 8. a 9. b 10. c
11. d 12. d 13. a 14. b 15. b 16. b 17. d 18. a 19. a 20. c

Retournez maintenant à la page 9 pour voir l'appréciation de votre score.

Section 1 La phrase

Fiche 1

A. 1. Vanessa has gone to London. 2. Dave et Vanessa have never met. 3. All the guests have arrived. 4. Dave got there on time, but the train had already left. 5. They must have arrived around five. 6. I've come to tell you I am leaving. 7. Dave has gone up to the third floor, and he's waiting for us. 8. Vanessa has gone out for a few minutes. 9. If Dave had left on time, he would have arrived (by) now. 10. Where has he gone, now?

B. 1. Elmer often listens to old records. 2. Vanessa likes documentary films very much. 3. Elmer never plays the piano 4. Vanessa saw an excellent film last night. 5. Elmer has a collection of several hundred records in his flat. 6. Vanessa sometimes describes the films she has seen to Elmer. 7. There are two TV sets and a DVD player in Vanessa's room. 8. Vanessa has explained to Elmer her passion for ancient Egypt. 9. Elmer often buys second-hand records. 10. Elmer doesn't much like contemporary music.

C. 1. You must meet Harvey. 2. Sue may drop in tonight. 3. What happened yesterday? 4. At five, several people arrived. 5. Have you had an idea? / Has an idea occurred to you? 6. Lots of things happen in small towns. 7. Where has he gone? 8. Only a few people came to that party. 9. Nothing happens when I press this key. 10. You need new glasses.

Fiche 2

1. Your sister never says anything to anybody. [Ta sœur ne dit jamais rien à personne] 2. My grandfather never gave anything to anybody. [Mon grand-père ne donnait jamais rien à personne] 3. Nobody knew the answer. [Personne ne connaissait la réponse] 4. Nobody could find the answer. [Personne ne pouvait trouver la réponse] 5. I did not see any good films last month. [Je n'ai vu aucun bon film le mois dernier] 6. That author has never written / never writes any good books. [Cet auteur n'écrit jamais / n'a jamais écrit aucun bon livre] 7. Nobody ever said anything to your sister [Personne ne disait jamais rien à ta sœur]. 8. The answer is not in the book. [La réponse n'est pas dans le livre] 9. There were several hurricanes in Florida last year. [Il y a eu plusieurs ouragans en Floride l'année dernière] 10. It never rains in the desert. [Il ne pleut jamais dans le désert]

Fiche 3

1. Maggie is forty, isn't she? 2. Her birthday was last week, wasn't it? 3. Maggie plays tennis very well, and so does her husband. 4. I exercise regularly, but he doesn't. 5. You can read, can't you? 6. "Do you know Maggie?" "Of course, I do." 7. "I don't want his money." "Neither do I" 8. "I can't lend any money to Elmer." "But I can." 9. "All salaries will be raised on the 1st of January." "Will

they?" 10. The wage-earners have received the Prime Minister's speech favourably, but the bosses haven't.

Fiche 4

A. 1. Who did Stephen meet last week? 2. *À modifier* : Who **took** my pen yesterday? 3. I wonder what John is doing. 4. Who is meeting Stephen next week? 5. *À modifier* : I don't know **what** this animal is called. 6. What excellent music! 7. *À modifier* : What **a** remarkable film! 8. Whose house is that?
B. 1. How often do you have a bath? 2. How many people were there at the meeting? 3. How long has it been raining? 4. How much do you have on your bank account? 5. What is she like? 6. How long does it takes to get there? 7. Which shirt does she like better? 8. Whose are these papers? 9. What does your husband do? 10. Who did Vince look after? 11. What did you open this box with? 12. What made him angry. 13. How is Elmer? 14. Who told you Stephen would spend some time in Paris this year?
C. 1. Who saw that programme last night? 2. What is that tool called? 3. How stupid that chap / guy is! 4. How much does a DVD player cost? 5. Who did he borrrow that motorcycle from? 6. Elmer doesn't know where kiwis live. 7. What's his / her car like? 8. How hot this sauce is! / What hot sauce! 9. Do you help your daugter who is learning to read? 10. What awful weather!
D. 1. Has she already arrived? 2. How large was your room in London? 3. How many litres does this bottle hold? 4. What a ridiculous idea! 5. What is she looking for? 6. What splendid furniture! 7. Who does the jacket on that chair belong to? 8. She asked me what the building was called. 9. I don't know where Norwich is. Hand me the map. 10. What humour! How funny he is! 11. How long have you known her? 12. No, I don't know whose jacket that is / who that jacket belongs to. 13. How beautiful that must have been! 14. Have you forgotten how his name is spelt / how to spell his name?

Test de niveau 1 des Fiches 1 à 4

1

1. Sue and Harvey often go to the pictures.
2. We saw an excellent film last night.
3. Sue likes long historical films very much.
4. Sue described the scene to Harry.
5. Harry likes western films better.
6. Harry has twenty-five original movie posters in his room.
7. Sue has seen *Gone with the wind* five times.
8. Harry often explains the deep meaning of the Wild West myth to Sue.
9. Sue always watches her favourite sitcom.
10. Harry and Sue are going to London tomorrow.

2

1. Who saw a dog this morning?
2. What did the dog see?
3. Whose dog is that?
4. Which dog has Tom seen?

5. What has frightened the dog?
6. Who has frightened the dog?
7. Who has the dog seen?
8. When did Tom see the dog?
9. Who has Jill kept a piece of cake for?
10. What was that dog like?

3

1. How often do you go to the movies?
2. How many people were there at dinner?
3. How much did you pay for that new jacket?
4. How long does it take to get there?
5. What / whose books are these?
6. What is Tom looking for?
7. How long did they stay in Australia?
8. What is her boy-friend like?
9. How much petrol is there in the tank [*réservoir*]?
10. How wide is your garden?

4

1. a. Qu'est-ce que leur maison est grande !
2. b. Quels amis avez-vous rencontrés ?
3. a. Ce que ce film était long !
4. a. Le concert a duré combien de temps ?
5. b. Qu'est-ce que ta grand-mère a aimé le film !
6. b. De quand date cette maison ?
7. a. Ce que ce film était long !
8. b. Ce que le concert était long !
9. a. Ça lui a plu, le film, à ta grand-mère ?
10. a. Ce que ce livre est vieux !

5

1. Your brother has taken the car, hasn't he?
2. Pamela didn't go to London last night, did she?
3. You like boiled cabbage, don't you?
4. They can't have spent all that money, can they?
5. She won't stay long, will she?
6. The train would be cheaper, wouldn't it?
7. No normal car can go that fast, can it?
8. The children liked the film, didn't they?
9. They found nothing, did they?
10. There are too many characters in the film, aren't there?

Faites votre total et retournez à la page 28

Fiche 5

A. 1. This dog never obeys the children. 2. Don't answer that silly question. 3. Their grandfather opposes all new ideas. 4. The surgeon will operate on the injured driver. 5. Mafiosi pay for their meals with $100 bills. 6. Elmer never remembers Maggie's birthday. 7. Elmer waited for the beginning of the film. 8. Maggie cannot resist chocolate. 9. Maggie is looking for the key she has lost. 10. Those children always listen to their parents.

B. 1. Don't listen to that record, it's bad. 2. We're looking for a cheap flat / apartment. 3. The probe is approaching Mars. 4. Are you waiting for the bus? 5. Don't trust that old car. 6. Why on earth are you waiting? 7. He has resisted all offers. 8. His ideas lack originality. 9. I don't know how to answer this question. 10. Nobody remembers that old story.

Fiche 6

A. 1. reminded him of an old traditional tune 2. borrowed a hundred pounds from some friends 3. asked the teacher for a better explanation 4. trust a child with a gun 5. buy this DVD player from the discount store 6. gang stole all those paintings from the local museum

B. 1. Sue did not lend her sister the necklace she had bought. 2. Brian never remembers names. Priscilla must describe the people to him. 3. The witness (has) described the men who robbed the bank to the judge. 4. The poor countries borrow a lot of money from the developed countries. 5. Do you remember our trip to Scotland? 6. He never asks his parents for any money. 7. Her face reminded me of a famous actress, but I couldn't remember who. 8. Explain this paragraph to me. I can't remember the meaning of several important words. 9. Somebody has stolen weapons from the police-station.

Fiche 7

A. 1. Everybody went on talking 2. It stopped raining 3. Don't forget to buy. 4. I don't remember meeting 5. You'd better avoid eating 6. I am not used to staying up 7. Keith promised to bring 8. You must remember to buy 9. He doesn't mind getting up 10. She seems to know

B.1. The Johnsons made their children study Chinese. 2. Mrs Johnson thinks that she speaks perfect Chinese. 3. Have you heard Mrs Johnson speak Chinese? 4. Priscilla often complains that she has the smallest office in the building. 5. I would like Priscilla to stop complaining. 6. I'll let her use my office. 7. I want Priscilla to be happy. 8. I look forward to telling her the good news.

C. 1. Barry says that he is the best golf-player in the neighbourhood. 2. Carrie would like Barry to ask her to the golf course. 3. Barry didn't let Carrie use his golf clubs. 4. Do you remember buying that picture? 5. Suddenly, everybody stopped talking. 6. The silence made me look round. 7. I have forgotten to fill up. 8. I am not used to driving a big car.

Fiche 8

A.

1. Emma told / asked the pianist, "Play my favourite tune."

2. The President told the nation that the ban on foreign wines would be lifted for Christmas.

3. The judge said to the accused, "Do you have anything more to declare?"

4. The judge asked,/ said, "Do you have anything more to declare."

5. Emma told / asked the pianist to play her favourite tune.

B.

1. The secretary...

A. told -d. the boss to take a day off : signifie *La secrétaire a dit au patron de prendre un jour de congé*, ce qui est peu vraisemblable.

B. said -a. that she was leaving earlier than usual
C. asked -b. when she could take a day off / -c. to leave earlier than usual / -e. the boss if she could take a day off / d. the boss to take a day off : même problème que A-d
2. Vince...
A. told -d. Eddy that the money had to be paid back -b. Eddy to give the money back
B. said -a. to Eddy that the money had to be paid back
C. asked - b. Eddy to give the money back
3. The secretary...
A. asked -b. the manager how the computer worked
B. explained -a. to the manager how the computer worked - c. to the manager that the computer wasn't working
C. told - b. the manager how the computer worked
D. said -c. to the manager that the computer wasn't working

Fiche 9

A.

(a) 1. The new clerk can't be relied on. 2. The appointment was objected to. 3. That decision wasn't commented upon. 4. Was the meal paid for? 5. The police-station has been broken into.

(b) 1. The PM was asked some embarrassing questions (by the MPs.) 2. The difficulty of the situation was explained to the members of the majority (by the PM). 3. No explanation has been given to the opposition. 4. Those people should be taught a lesson. 5. The opposition has been given no explanation so far. 6. The PM was said to be the best debater in the House of Commons. 7. The PM was told that she was the best debater in the House of Commons. 8. We weren't shown the way out.

B. 1. Were you given the address? 2. The instructions weren't explained to me. 3. This order hasn't been paid for. 4. That customer is said to be very hard to please. 5. The customer wasn't told the exact price. 6. The president was asked several questions about his health. 7. The president won't be operated on next week. 8. The president's operation wasn't announced to the journalists. 9. All orders must be obeyed. 10. I hadn't been told that the president was ill.

Test de niveau 2 des Fiches 5 à 9

1

Le symbole Ø signifie : rien.

1. Are you waiting **for** a number 72 bus?
2. I see you are looking **at** my new tie?
3. Don't listen **to** that record.
4. Have they answered **Ø** all the questions?
5. I just can't remember **Ø** her name.
6. Nobody opposed **Ø** the Prime Minister's plans.
7. The rocket is now approaching **Ø** Venus.
8. They are looking **for** new ideas
9. They haven't paid **for** their drinks.
10. Why don't you ask **Ø** a policeman?

2

Si vous avez une des deux bonnes réponses : comptez un point. Par contre une bonne et une mauvaise réponses : zéro point.

1. Sue **showed / lent** Priscilla her diamond necklace.
2. The minister **told** them the news.
3. The anchorman **showed** the viewers some pictures of the war.
4. The anchorman **showed** them some pictures of the war.
5. Sue **showed / lent** her her diamond necklace.
6. The book **suggested** new ideas to him. (*gave* et *taught*, bizarres avec *to him*, ne sont pas admis)
7. His colleagues **gave** him new ideas.
8. My old friend **lent / gave** me some money.
9. The journalist **said** a few words to the actress.
10. Sue **paid** her sister 800 pounds.

3

1. It went on **raining** all day.
2. Keith promised **to be** on time.
3. Don't forget **to buy** some bread.
4. Everybody stopped **talking** when the president came in.
5. I don't remember **reading** that book.
6. Avoid **eating** too much if you want to lose weight.
7. We must remember **to buy** flowers for the party.
8. I am not used to **typing** on this computer.
9. She seems **to know** all the answers.
10. He doesn't mind **getting up** early.

4

1. Kenneth thinks **he is** an excellent singer
2. They made their children **study** music
3. He wants **me to buy** his car
4. I would like **her to come** to the cinema with me.
5. They let **me use** their car.
6. She often complains **that she has** the smallest office in the building.
7. Did you hear **Tommy go out** by chance?
8. Jenny **told them** to clean the garage
9. Do you remember **seeing** that film?
10. Fortunately, Myra didn't forget **to buy** a cake for the birthday party.
11. The English are used **to wearing** raincoats most of the time.

5

1. The idea was objected to.
2. She was taught Russian by her grandfather.
3. Susie can be relied on.
4. The problem was explained to the class (by the teacher).
5. The biggest pieces of pie were given to the children. / The children were given the biggest pieces of pie.
6. Have the books been paid for?
7. Susie was said to be the best guitar-player.
8. Mary was told that she was the best guitar-player.

9. That decision wasn't commented upon.
10. The candidates were asked some very difficult questions (by the examiners).

Faites votre total et retournez à la page 44

Section 2 L'auxiliaire et le verbe

Fiches 10 et 11

A. 1. I think Adrian knows the truth. 2. Adrian never tells lies. 3. I suspected that Jerry was telling a lie when he told me that fantastic story. 4. What newspaper do you read on Sundays? 5. The car stopped when it ran out of petrol. 6. Will you be quiet! I am reading my paper. 7. I believe you, I'm sure you are telling the truth. 8. The president gave a speech when the news was announced. [*was giving* signifierait que la nouvelle est annoncée pendant le discours, c'est concevable] 9. The victim was struck on the head while he was watching television. 10. What a fantastic story! You must be joking.

B. 1. That noise sounds queer, doesn't it? 2. What are you doing? Are you stopping the car? 3. Mildred drives too fast. I don't like riding in her car. 4. Slow down, you're driving too fast. 5. Don't disturb me, I'm doing the crossword. 6. You are always doing crosswords. Do you also read the paper? 7. While I was doing the crossword, I had a brilliant idea. 8. I thought he was joking, but he was serious. 9. The situation was improving but a new crisis broke out. 10 We're having dinner at the restaurant. Are you coming with us? 11. Things must be getting better, the boss looks / is looking more relaxed. 12. Louis XIV ate off gold plate.

Fiches 12 et 13

A.

se poursuivent jusqu'à maintenant

6. It's been raining since this morning. 7. They have only been married for a few weeks. 10. The secretary has been ill for the past few days.

sont terminés

1. Napoleon lost the battle of Waterloo. 3. They got married last month. 9. Jimmy learnt to read when he was four.

sont terminés mais constituent un bilan présent

2. I've been reading *Oliver Twist*. 4. It's been raining heavily. 5. They've finally got married. 8. The secretary has been ill.

B. 1. Our guest left on Sunday evening. 2. I've known this village (for) a long time. 3. At last, the guests have left, none too soon. 4. Have you done the dishes? 5. I've read the whole book. The ending is very sad. 6. Our guests have been here since last week. 7. I did the dishes this morning. 8. Uncle Arthur has put on a lot of weight. 9. The shop has been closed since September 1st. 10. The shop closed on September 1st.

C. 1. I'm tired because I've been watching television. 2. All the clouds have disappeared. 3. I've lost weight and I can put those trousers on again. 4. "What a nice smell!" "I've been mowing the lawn." 5. The dog is wet. Has it been raining?

Fiche 14

A. 1. The house has belonged to the same family since the middle of the 16th century. 2. You've been peeling potatoes for two hours 3. The children have been watching television since the beginning of the afternoon. 4. The paper has cost the same price for years. 5. The engine has been running too long.

B. 1. I've only had this car for a few days. 2. That custom disappeared a long time ago. 3. Queen Victoria has been dead for nearly a century. 4. I haven't known Elsie for a long time. 5. Shakespeare died four centuries ago. 6. She left five minutres ago. 7. Andy and Elsie have been married (for) five years. 8. I've had these hand-made shoes for ten years.

Fiche 15

A. 1. That building has been here since the Middle Ages. [point de départ pour mesurer] 2. Elsie lived in China for ten years. [mesure dans le passé] 3. The clouds disappeared after the storm. [repère] 4. Have you often eaten horse meat? [fréquence] 5. Elsie has been living in California for seven years. [mesure jusqu'à maintenant] 6. You've lost a lot of weight. [le moment présent, non mentionné, est le repère] 7. In Russia, I often ate caviar. [= when I was in Russia, repère] 8. Everybody had known the truth for a long time. [mesure jusqu'à un moment du passé] 9. He has been spending a lot since he won the pools. [point de départ pour mesurer] 10. Mildred has seen the film four times. [fréquence]

B. 1. Bob has been in Japan for two years. He should come back soon. 2. Mildred worked in Japan for two years before she got married. 3. Bob has been in Japan since last year. He should come back soon. 4. Fred worked in a bank for years, then he got bored and became a sailor. 5. I have only been here for two days, and I'm leaving tomorrow.

C. 1. We spent several days in San Francisco during the summer. 2. In the desert, we drove for hours without seeing a living creature. 3. We stopped for a few minutes at a filling-station. 4. She slept during the lecture. 5. Our friends lived in Australia for ten years.

D. 1. They met two years ago. 2. The had known each other (for) a long time. 3. They have been married (for) a year. 4. They have been living here (for) three weeks. 5. Six months ago, they bought car. 6. I had dinner at their place a few days ago.

Test de niveau 3 des Fiches 10 à 15

1

1. I hope that you **know** the name of the street. 2. He was stung by a bee while he **was walking** around the garden. 3. What's her job? – She **writes** for magazines. 4. The town now **has** a population of 50,000. 5. The passengers **were watching** a film when the plane began to fall. 6. They **bought** a new car when their fifth child was born. 7. Why do you need the computer? – I **am writing** a letter to the tax-collector. 8. They usually **read** *The Guardian*. 9. What a lot of policemen! They must **be looking** for the bank-robbers. 10. This noise **sounds** funny.

2

1. When he was five, Timmy **believed** in Santa Claus.
2. She **got married** last year.
3. She **has** finally **got** married.
4. I'm afraid I **have eaten** too many oysters.
5. Last Sunday, we **ate** oysters.
6. It **rained** this morning.

3

1. He **has been** in prison **for** two years. He should come out soon. 2. He **was** in prison **for** two years after the robbery. 3. He **has been** in prison **since** last year. 4. He **robbed** banks for years, then he repented and became a preacher. 5. I **have** only **been** here **for** two days, and I'm leaving tomorrow.

4

1. We spent a few days at the seaside **during** the holidays. 2. They drove **for** hours without seeing a human being. 3. He stopped **for** a few minutes. 4. She lived in Australia **during** World War 2. 5. Our friends lived in Australia **for** ten years.

5

1. Come quick, Aunt Agatha **has arrived.** 2. Uncle Arthur **left** us last week. 3. Our English cousin **has gone** back to Manchester. 4. What a pity! She **has failed** her exam. 5. She **lost** a lot of weight after her accident. 6. Sorry, Mrs Brown **went out** a few minutes ago. 7. She **has lost** a lot of weight since her accident. 8. Sorry, Mrs Brown **has gone** out.

6

1. This shop **has been** here for a long time. 2. They **have lived** in China since they graduated. 3. Oh, good, the clouds **have disappeared.** 4. In Russia, **did** you often **eat** caviar? 5. The clouds **disappeared** after the storm. 6. What a nice smell! **Have** you **been cooking**? 7. The minister **has known** the truth for a long time. 8. You **have been watching** television for three hours now. 9. Who **did** the dishes last night. 10. I'm exhausted, I **have been cleaning** your room.

7

Une seule bonne réponse suffit, à condition qu'elle ne soit pas associée à une mauvaise.

1.

A. Ron smoked two packs a day – a. for years – c. when he was in the army

B. Ron has smoked two packs a day – a. for years - d. since he was eighteen

C. Ron has been smoking two packs a day – a. for years – b. since last month – d. since he was eighteen

2.

A. Wanda has got that dress : rien n'est possible

B. Wanda has had that dress – a. for quite a while – b. since last year

C. Wanda got that dress – c. a few weeks ago – d. at Harrods

Faites votre total et retournez à la page 64

Fiche 16

A. 1. The manager will see you soon as he is ready. 2. The store will open when the factory delivers the goods. 3. When will the goods be delivered? 4. Can you tell me when the goods will be delivered? 5. We will start production the moment you call us. 6. The store will make profits when it displays a wider range of products. 7. Everybody wonders if the store will make a profit next year. 8. If the store makes a profit next year, the manager will get a bonus. 9. Everybody thinks the store will make more profit when it gets more display space. 10. Nobody knows when they will start production.

Fiche 17

A. 1. If everyone agreed to the project, we could start production soon. 2. If we had known the situation better, we wouldn't have started production. 3. You could give her flowers, if you were sure she likes them. 4. He would have been very unhappy if she hadn't come. 5. If he had asked her to the restaurant, she would have bought a new outfit. 6. If I was a Scotsman, I'd wear a kilt. 7. I would have left earlier if my car had started. 8. If you went by car, you'd get there quicker. 9. They told me the manager would see me as soon as he was ready. 10. Nobody knew if the goods would be delivered on time.

Fiches 18 à 20

A. 1. He must have forgotten. 2. She may have made a mistake. 3. She may have arrived. 4. You might have told me. 5. He must be able to come tonight. 6. He must have arrived.

B. 1. Hilda should be appointed. 2. Brian must have been the best person for the job. 3. Hilda must have known that she would be interviewed. 4. Brian may not have applied early enough. 5. Brian can't have forgotten to send a handwritten letter. 6. Hilda may know the manager.

C. (a) 1. He can't be right. 2. That can't be the truth. 3. She can't have left before the end. 4. He may have got up very early. 5. She can't have got there first.

(b) 1. You can't use the copier in my office. 2. You needn't send / don't have to send all the letters before 12. 3. He can use that new computer very well. 4. If he wants to use the copier, he doesn't have to ask first. 5. You must tell the boss everything you hear. 6. You needn't be at the office before 9.

D. 1. You needn't read all the books on this list. (absence d'obligation) 2. The passengers don't have to go through customs.... (absence d'obligation) 3. The store doesn't have to pay for the goods.... (absence d'obligation) / The store mustn't pay... (interdiction) 4. New buildings don't have to observe the regulations. (absence d'obligation) 5. Animals mustn't be treated roughly. (interdiction) 6. You needn't / don't have to protect your skin against radiations. (absence d'obligation) 7. Glassware doen't have to / needn't be handled with care. (absence d'obligation) 8. She doesn't have to be there before five. (absence d'obligation) / She mustn't be there. (interdiction)

E. (a) 1. We may have to stop everything. 2. Jo can run faster than Elmer. 3. Sandy may have forgotten. 4. Keith can stay several days without eating. 5. Sandy can't have forgotten. 6. Keith may prefer to stay at home, after all. 7. Edward can't have been wrong all the time. 8. Edward may have made several mistakes.

(b) 1. You must make a decision. 2. We needn't have met. 3. We mustn't decide too quickly. 4. It can't be that difficult. 5. You needn't have come to the meeting. 6. He must have been indignant.

Fiche 21

A. 1. It isn't very far, Eddy should get there before five. 2. It isn't very far, the drive shouldn't take me more than half an hour. 3. I always buy a lotto ticket, I might become a millionaire some day. 4. The morning will be cloudy and it may / might rain during the afternoon. 5. You should enjoy that show, just your style. 6. If I get out early, we might go to the movies.

B. 1. Il a dû acheter une voiture. - b. He had to buy a car. - c. He must have bought a car. 2. Il a pu acheter une voiture. - d. He may have bought a car. - f. He was able to buy a car. 3. Il se pourrait qu'il ait acheté une voiture. - a. He might have bought a car.

C. 1. You must have made a mistake. 2. I had / have had to change the battery. 3. It was risky, he might have lost everything. 4. If he was fit, he could win easily. 5. Was he able to see the whole film? 6. He had to leave before the end. 7. He can't have seen the red light. 8. If you had thrown away the books, you'd have had to buy more. 9. He could have spent the night in London, but he preferred to stay. 10. They should have been more careful.

D. 1. Brian had better work more, or he will fail. 2. It's rather cold, you had better put on a warm coat. 3. If you don't mind, I would rather have an early dinner. 4. It's going to be a long meeting, I had better drink some coffee beforehand. 5. I know you would rather watch television, but you had better do your homework first. 6. I had better go by train, it's safer than driving.

Fiche 22

A. 1. Maybe, Maggie stayed at home. 2. Elmer likes music a lot. 3. Leonard never watches TV. 4. Leonard doesn't like music a lot. 5. Elmer certainly likes music. 6. Maggie probably stayed at home. 7. Leonard often watches TV. 8. Maggie still works hard. 9. Jimmy plays the flute badly. 10. Leonard scarcely works.

B. 1. Phil often listens to Indian music. 2. Emma sometimes meets Ralph at the restaurant. 3. Read the instructions carefully. 4. Elsa speaks German very well. 5. Chris never speaks English. 6. Yesterday David didn't know his lesson well. 7. Don't use that medicine too often. 8. Yesterday Tim hardly touched his meal.

Fiche 23

A. 1. Do you still believe in Santa Claus? 2. It's disturbing, the captain no longer drinks whisky. 3. I no longer believe in Santa Claus. 4. My presents haven't arrived yet. 5. Don't worry, the captain still drinks whisky. 6. I've tried to call again, but this phone no longer works. 7. What, is the captain drinking whisky again? It's his fifth glass. 8. The bottle isn't empty yet.

B. 1. Turn it on. 2. Walk into it. 3. Turn it down. 4. Put it on. 5. Fill it up. 6. Put it down. 7. I've just come across it. 8. Jump over it. 9. Don't stand on it. 10. Walk down it. 11. Eat it up. 12. That bad flu has told on him.

Test de niveau 4 des Fiches 16 à 23

1

1. He must have forgotten. 2. She may have arrived. 3. You might have told me. 4. He must be able to come tonight. 5. He must have arrived.

2

1. We'll have dinner as soon as it is ready. 2. The car will be ready when you come back. 3. I can't tell you if the car will be ready tomorrow. 4. They'll buy a new car when they have the money. 5. We'll call you as soon as we get the letter. 6. I don't know when the book will be published. 7. They planned to buy a new car when they have the money. 8. We asked them when they would pay the money back.

3

Introduisez des conditionnels.

1. If the weather improved tomorrow, we would go to the seaside.
2. If I had read this magazine before, I would not have bought this car.
3. If you had a bicycle, you could get to work much faster.
4. If they could leave tomorrow, they would.
5. If they had not gone to Las Vegas last summer, they would not have spent so much money.

4

1. Tina must have known that smoking was forbidden. 2. Tina may not have known that smoking was forbidden. 3. The Masked Avengers must have been the best group at the concert. 4. She may be right afer all. 5. The fire must have started in the kitchen.

5

(a) modalité de phrase uniquement

1. They can't abroad. 2. She can't be over 20. 3. I can't have forgotten my keys. 4. They may / must have lost the key. 5. It can't have been an accident.

(b) modalité du sujet uniquement

1. You may not / can't use the manager's office when he is out. 2. You needn't calculate / don't have to calculate all the results. 3. They don't have to borrow the money. 4. She must type all the letters. 5. You don't have to be / needn't be there before 10.

6

1. The sun is very warm, the snow should melt this afternoon. 2. The shop is only round the corner, he shouldn't be long. 3. I know he's very good, but still he might lose the match. 4. Some day, we might win a large sum of money, who knows? 5. It's a very good film, you should like it.

7

1. Il a dû partir plus tôt. - b. He had to leave earlier. - c. He must have left earlier.

2. Il a pu partir plus tôt. - d. He may have left earlier. - f. He was able to leave earlier.

3. Il se pourrait qu'il soit parti plus tôt. - a. He might have left earlier.

8

1. He had better hurry, or he's going to be late. 2. It's raining hard, you had better take a raincoat. 3. I know he would rather go by plane, but it's too expensive. 4. You had better take my car, I don't think yours is safe.

9

1. Maybe they enjoy that noise. 2. Maggie certainly likes chocolate. 3. Maggie likes chocolate a lot. 4. They probably enjoy that noise. 5. We never watch television.

Faites votre total et retournez à la page 90

Section 3 Le groupe nominal

Fiche 24

A.

friend : she / he
doctor : she / he
giraffe : it
bicycle : it
baby : she / he / it
actress : she
student : she / he
dog : she / he / it
cow : she
window : it
president : she / he
person : she / he

B.

1. Who are **they**? I'd like to know **their** name. 2. See that girl over there? Do you know **her** name? 3. If John needs the money, give **it** back to **him**. 4. If John has to pay his rent, give **him** back **his** money. 5. I've fed the cat, I gave **it** / **him** / **her** some sardines. 6. I know Brian pretty well, but I haven't met **his** wife. 7. We treat **our** dog like **our** child.

C. 1. Angela likes my bike, but I like mine better. 2. Is that your bike? Are you sure it is yours? 3. The two dogs raised their heads when I called their names. 4. The English like their cooking, we like ours better. 5. You give your book to Steve, he takes mine and I take his. Simple, isn't it?

Fiche 25

A.

1. I waste/ am wasting my time explaining my plans to him, he doesn't understand anything.

2. Have it your own way, but don't complain later.

3. She is out of her mind, she wants to work on Sunday.

4. You put your foot in it when you mentioned her husband, they are divorced.

5. They don't intend to work temselves to death.

B. 1. Tim and Angela often phone / call each other. 2. When Tim and Angela meet, they always kiss. 3. Angela often makes herself a cup of cocoa before going to bed. 4. Tim and Angela sometimes give each other small presents. 5. Tim hid behind the door. 6. Angela has given Tim a television set that switches itself on and off.

Fiches 26 et 27

A. 1. Where are my favorite old jeans? 2. 'You've got a lot of luggage.' 'Yes, it is a bit heavy to carry.' 3. No news is good news. 4. Your progress is spectacular. 5. The police suspect our neighbour. 6. Andy loves maths, he finds it so stimulating.

B. 1. Prince Charles took a trip to Mexico last month. 2. It isn't very hard work. 3. Wemm, is the news good? 4. These jeans are too long, aren't they? 5. I'll put on shorts, they are more comfortable. 6. Several people gave me the same information. 7. Sheep are scared of mice. 8. Antique furniture is too expensive. 9. Jim and Harry went to Scotland with their wives, they had gorgeous weather. 10. South Dakota is not much warmer than North Dakota. 11. Look, I think the children spend too much money. They buy too many clothes. 12. The progress is slow, but there is some progress.

Fiche 28

A. 1. women : générique 2. the sun : unique (non générique) 3. seats : non générique 4. a computer : générique 5. the tea, the cakes : non générique

B. 1. Roses grow well in the south of England. 2. Butter is fattening. 3. The foolishness of his remarks struck me. 4. I want the children to do their homework as soon as they come back from school. 5. It's funny, the dog can't swim. 6. The turkey is an American bird. 7. In his / her garden, the roses are splendid. 8. The moon is a small satellite of no interest. 9. The coffee is terrible in this restaurant. 10. Apples ripen in autumn. 11. English history is full of battles. 12. The history of England really starts in 1066. 13. My name is Watson, and I am a doctor. 14. What gorgeous weather! 15. You are doctor Watson, I presume. 16. What a ridiculous dress! 17. They can't clean the hospital without a vacuum-cleaner. 18. The children go to school by bus.

Fiche 29

1. Can you read **that** sign across the street? 2. In **those** days, they didn't have washing-machines. 3. Henry, **this** is Jane, Jane, **this** is Henry, an old friend of mine. 4. The doctor might be able to fit you in **this** afternoon. 5. So the minister didn't deny the rumour. Now **that** is interesting. 6. 1915, **that** year was the worst for rains and floods. 7. Look at my new bike. Finally, I bought **the one** your brother recommended. 8. I've bought new shoes, **the ones** your sister told me about.

Fiche 30

A. 1. The newsagent didn't have any change. 2. Could you give me some change? I only have a five-pound note. 3. 'Have you got any change in the pocket of your jacket?' 'No, there isn't any.' 4. Alf hasn't got a car, and he doesn't want one. 5. 'Have you got a fountain-pen?' 'No, I haven't got one, but I've got a ball-point.' 6. Alf can drive any car. 7. Have some peanuts, there aren't any almonds left. 8. No cars are to park in the courtyard. 9. Surprisingly, there weren't any cars in the street. 10. They have bought (some) new furniture for their house in the country.

B. 1. too many cars 2. a few houses 3. a little milk 4. lots of/many people 5. several ideas 6. a lot of time 7. a little patience 8. few trees 9. not much time 10. too much water 11. little money 12. too much luggage 13. not much news 14. too many children 15. many/lots of thanks

C. 1. Fortunately, I have a little time left. 2. There are few restaurants, but lots of pubs. 3. Jenny has several pen-friends in the United States. 4. In fact, few cats like fish. 5. There is a little whisky left, have a glass. 6. Too much work, not enough leisure. 7. No meat and lots of fruit.

D. 1. The whole town was covered with / in heavy smoke. 2. Who's eaten all the bread? 3. I've put all the sweets in this box. 4. Zelda goes to the swimming-pool every Thursday. 5. He's lost all his hair. 6. He crossed the whole room to say hallo. 7. Is there a piece of chicken for each guest? 8. I sent all the luggage beforehand. 9. Every time we meet, we talk about the same thing. 10. All men are equal.

Fiches 31 et 32

A. 14 fourteen; 41 forty-one; 87 eighty-seven; 104 a hundred and four; 700 seven hundred; 999 nine hundred and ninety nine; 1030 one thousand (and) thirty; 1635 one thousand six hundred and thirty five; 1,475,000 one million four hundred and seventy five thousand; 2,783,834 two million seven hundred and eighty-three thousand eight hundred and thirty four
37.32 thirty seven point thirty two; 3.14 three point fourteen; 3579.63 three thousand five hundred and seventy nine point sixty three
6th sixth; 20th twentieth; 73rd seventy third; 100th one hundredth; 102nd one hundred and second
My phone number is 6750345: My phone number is six seven five oh three four five
Today is the twenty-seventh of July two thousand and one
B. 1. On Tuesday, Juliet will be sixteen. 2. On the twenty-second of July / July twenty-second 1865 Buffalo Bill shot down over a hundred and fifty buffalos. 3. A forty-six metre high tower is to be built on this site. 4. The archeologists have found a three-thousand-year old grave under the third basement level of the building. 5. Are you looking for room two oh eight? It's on the second floor, of course. 6. Buy me two dozen eggs and half a pound of butter. 7. The first two volumes or the encyclopedia have disappeared. 8. Nobody reads three quarters of the books that are published every year.

Test de niveau 5 des Fiches 24 à 32

1

1.
A. *too many* - b. *crocodiles*
B. *the* - tous sont possibles
C. ∅ - a. *money* - d. *cloth* - e. *furniture*
D. *so much* - a. *money* - d. *cloth* - e. *furniture*
2. Déterminants : Noms :
A. *a* - e. *beer*
B. ∅ - tous sont possibles
C . *so much* - a. *progress* - b. *smoke* - d. *milk* - e. *beer*
D. *the* - tous sont possibles

2

1. The news was finally given.
2. The police were warned that...
3. ... the stairs have been polished and waxed.
4. His hair was trimmed...
5. The modernistic furniture...has been strongly objected to.
6. Every means has been tried...
7. A lot of information has to be gathered...

8. Some progress has been made...
9. My jeans have been washed...
10. His advice was never paid attention to.

3

1. Ø modern **cars** are safe and comfortable. 2. Here, **the tea** is excellent, but I don't much like **the cakes.** 3. **The moon** is not really very far. 4. Some people think **the computer** is an invention of the devil. 5. **Ø birds** must have fun flying. 6. **Ø whisky** is more expensive than **Ø beer.**

4

1. **No** sensible human being would ever dream of learning to fly!
2. Don't give me **any** cigarettes, even if I ask you for some.
3. You can't wear just **any** old dress to go to the party!
4. Would you like **some** toast?
5. **Any** language teacher will tell you a good workbook helps.
6. **Some** people don't like oysters.
7. There was hardly **any** wine left.

5

1. **Most** Parisian hairdressers have learnt their job at Jean-Paul's.
2. **Most of the** hairdressers I have been to refused to shave my head.
3. Yesterday, I read that **most of the** teenagers living in Paris wanted to have their hair dyed.
4. Contrary to what people think, **most** dinosaurs were herbivores.
5. In that film, **most of the** dinosaurs were created by computer.

6

1. We had to drive through **the whole** town. 2. I had to throw away **all the** bread. 3. Somebody has eaten **all the** sweets. 4. She plays tennis **every** Thursday. 5. He's lost **all** his hair. 6. She gave a sweet to **each** child. 7. **All the** luggage is in the car. 8. **All** men are equal.

7 **Qu'est-ce qui manque (préposition, article) ? Peut-être rien... (1, 2 et 3 forment une séquence)**

1. **on** July 14 1789
2. **at** half past five
3. more than two thousand **Ø** people rushed into the fortress.
4. Mr Smith is in **Ø** room 23.
5. I've only read **Ø** half of that book.
6. Do you work **on** Saturdays?

Faites votre total et retournez à la page 120

Fiche 33

A. 1. Brian's former wife 2. Tom Hunk's most recent film 3. your friend's new flat 4. their ridiculous plans 5. that tall new student's eyes 6. today's financial page 7. her two sisters' numerous boyfriends 8. last year's huge profits

B. 1. your two friends' five Siamese cats 2. his former boss's ridiculous ideas 3. Beethoven's nine symphonies 4. Phyllis's three young cousins 5. her dear parents' grave

C. 1. "Is that your mobile / cell phone?" "No, it's Max's." "Then, whose suitcase is that? Is it Max's too?" 2. This morning I went to the Robinsons', but they had gone to visit some friends of theirs. So I went to the dentist's.

D. numéro de compte ; teinture (pour cheveux) ; langue maternelle ; lait en poudre ; espace libre ; somnifère ; sac de couchage ; sports d'hiver ; vêtements de sport ; porte-manteau ; journal du soir ; livre de poche ; librairie ; vitrine ; lèche vitrine

Fiche 34

A. 1. a small blue car ; the most interesting idea ; a remarkable book
2. a large / big Californian house ; beautiful blonde hair ; a nice hot drink

B. 1. Many Irishmen hate the English. 2. Three Welshmen, only one Frenchman, of course the Welsh scored the try. 3. There are several Americans on the Australian team, but no Japanese. 4. Yes, the blue tie is all right,but I prefer the red one. 5. The Americans love the accent of Fench girls. 6. Young people don't much like talking with old people.

C. 1. The London *Times* 2. a New York skyscraper 3. metal shelves 4. a Paris restaurant 5. a Sunday paper 6. the Tokyo stock-exchange 7. a Texas accent 8. a stone bench

D. 1. une thermos [=« bouteille à vide »] émaillée verte 2. du tissu épais pure laine de bonne qualité 3. un repas du soir composé de trois plats 4. des vacances en car en Espagne d'une durée de dix jours 5. une glace du côté du passager [miroir de courtoisie] 6. une boîte cinq vitesses très douce 7. crédit gratuit pouvant aller jusqu'à dix mois 8. un caméscope numérique avec télécommande

Fiche 35

A. 1. Helen has written a book that tells the story of her life. 2. The story (that) the book tells is rather strange. 3. That novel, which you read about in the paper, is truly original 4. Some people who write novels had better keep their memories to themselves. 5. That author whose books you like so much has sold millions of books 6. The novel whose title is so intriguing is rather disappointing 7. The pen Charles Dickens wrote with was sold at Sotheby's last week 8. Some authors people admire so much don't write their books themselves

B. 1. I love the books Rosie Tearsome writes. 2. I admire the writers that critic recommends. 3. The day Rosie Tearsome finished her last book, she started on a new one. 4. Rosie Tearsome got married for the third time the year she published her fiftieth novel. 5. Personally, I like novels whose plot is easy to follow. 6. I hate novels whose characters are too common. 7. The radio programmes I listen to regularly deal with literature a lot. 8. Authors like to meet the people they write for.

Fiche 36

A. 1. more interesting, the most interesting; 2. faster, the fastest; 3. simpler, the simplest; 4. worse, the worst; 5. prettier, the prettiest; 6. taller, the tallest; 7. more pleasant, the most pleasant; 9. whiter, the whitest.

B. 1. The film is not as amusing as the book. 2. This is the best film (that) I have seen this month. 3. Your idea was better than mine. 4. Betsy acts more naturally than Ringo. 5. We must get there as early as we can. 6. Can't you drive faster than that? 7. Wouldn't you like to drive the most luxurious car (that) money can buy? 8. This is less interesting than I thought. 9. They don't work as hard as they could. 10. This film is even worse than I expected.

C. 1. What is the most precious metal? 2. Uranium is much more expensive than gold or platinum. 3. Oil is getting more and more expensive. 4. It's much worse than last year. 5. It's getting worse and worse. 6. Don't always buy the cheapest product. 7. Is aluminium really less precious than gold? 8. I'll show you the most expensive restaurant in town. 9. He works less than I do. / He doesn't work as much as I do. 10. Lucy sings better than Linda ever did.

Test de niveau 6 des Fiches 33 à 36

1

1. Jimmy Harrison's new record 2. their interesting ideas 3. that tall blonde girl's shoes 4. Max's former girlfriend 5. <my two friends' three Dalmatian dogs 6. yesterday's dreadful accident

2

1. conte de fées 2. numéro de compte 3. cheval de course
4. table à thé 5. fossé des générations 6. course aux armements

3

1. a big red car 2. beautiful blonde hair 3. very interesting long letters 4. a pleasant cool drink 5. the most gifted French tennis player

4

1. The Irish don't much like the English. 2. There are two Welshmen and a Frenchman in the team. 3. There are two Germans and a Japanese in the semi-final. 4. My sister is the tall one over there.

5

1. the Paris monuments 2. a metal post 3. a New York restaurant 4. my morning tea 5. a brick house 6. the London stock-exchange

6

1. un habitant de Miami âgé de 53 ans 2. les maladies liées au tabagisme 3. le président du groupe radio-télé CBS Howard Stringer 4. des détecteurs de lumière électroniques hyper-sensibles

7

1. The story (that) the song tells is rather strange. 2. That song (that) you were listening to was written by Barry. 3. That chap whose songs you like is a friend of mine. 4. The album, whose title hasn't been chosen yet, should come out soon. 5. There are several recording studios in the town (that) Barry comes from.

8

1. sillier 2. longer 3. more amusing 4. slower 5. more ordinary 6. better

9

1. The book is not as interesting **as** the film. 2. His idea was better **than** mine. 3. Can you run faster **than** a dog? 4. This is the best shirt (**that**) you can buy. 5. Linda speaks German more fluently **than** Betty does. 6. He drank up the glasses as fast **as** we could fill them. 7. This is less interesting **than** I thought. 8. They don't work as hard **as** they should.

Faites votre total et retournez à la page 136

Fiche 37

A. 1. They sailed **to** Scotland. 2. They sailed **in** Scotland. 3. Go **through** that door. 4. Wear a jacket **over** your shirt 5. The balloon was **above** the church. 6. The cat jumped **over** the table. 7. The remperature is five degrees **below** zero 8. Their house is **up / down** the road. 9. Their house is **opposite** the post-office. 10. Their house is **across** the street. 11. There are several big farms **around** the village. 12. Throw your (chewing) gum **into** the wastepaper basket. 13. Don't throw peanut shells **out of** the window. 14. Their house is **far from** the village.

B. 1. He met her twice **after** the trial. 2. He has met her twice **since** the trial. 3. They worked very hard **until** the trial. 4. He has been in New York **for** two weeks. 5. He was in New York **for** two weeks. 6. He has been in New York **since** the holidays. 7. He was in New York **during** the holidays. 8. They have been working very hard **since** last week.

C. 1. **at** night 2. **in** the morning 3. **in** October 4. **on** Thursday 5. **on** the day of the wedding 6. **on** Friday morning 7. **in** those days 8. **at** the trial 9. **at** 8 o'clock 10. **at** Christmas

D. 1. The children watched television **while** it was raining. 2. The children ate several bags of popcorn **during** the show. 3. We were able to meet the star **after** the show. 4. Everybody has known the face of that writer **since** he was on TV. 5. **So that** his book will be read by everybody, that writer is on television every day. 6. He is often on television **thanks to** his connections. 7. **Before** you switch on the TV /**Before** switching on the TV, look at the programme. 8. **Instead of** watching television, you'd better take out the dustbin / take the garbage out.

Fiche 38

A. *said* [sed] , *laid* [leɪd]

B. *rang, rung* (3 formes) ≠ *wring, wrung, wrung* (2 formes)
sting, stung, stung 2 formes) ≠ *stink, stank, stunk* (3 formes)
D'où les regroupements (a) *ring, stink* (b) *wring, sting*

C. *flow* est régulier (*flowed, flowed*); *show, showed, shown; throw, threw, thrown.*

D. *write, wrote, written,* MAIS *strike, struck, struck. Strike* est un des verbes irréguliers les plus maltraités par les débutants.

E. *weep, wept, wept / think, thought, thought*: ils ont deux formes seulement (prétérit et participe passé identiques).

Section 4 Prononcer

Fiche 39

A. (c) **Christ**mas Ju**ly** be**cause** **Mon**day **fac**tory **dam**age
in**vite** **pi**lot **free**dom pre**fer** **wo**man

Fiche 40

A. A**me**rica (-ic), alu**mi**nium (-ium), ma**jo**rity (-ity), mathe**ma**tics (-ics), insuf**fi**cient (-ient), expla**na**tion (-ion), i**den**tity (-ity), eco**no**mical (-ical), situ**a**tion (-ion), demo**cra**tic (-ic), oppor**tu**nity (-ity), ad**di**tion (-ion), dy**na**mic (-ic).

B. (b) **at**mosphere as**tro**nomy **de**mocrat as**tro**nomer **ep**ilogue de**mo**cracy

C. (b) toujours le suffixe **-ic /-ical** : characte**ris**tic bio**lo**gical astro**no**mical aristo**cra**tic eco**no**mics

D. **beau**tiful **sud**denly **mu**sical **am**plifier **phy**sicist **pro**bably
heaviness **de**finitely **num**berless **sci**entist **per**fectly
reasonable **ho**pefully **bi**tterness **Pu**ritanism ad**di**tional
A**me**ricanism **ner**vousness **rea**sonably **na**rrowness
eco**no**mically characte**ris**tically **beau**tifully

Fiche 42

B. Le piège est : *honest* et *hour*, sans [h].

Fiches 43 et 44

B.

piping	[aɪ]	stripping	[ɪ]	noting	[əʊ]	baking	[eɪ]
tapping	[æ]	hiding	[aɪ]	starring	[ɑː]	shaking	[eɪ]
dining	[aɪ]	staring	[eə]	lacking	[æ]	closing	[əʊ]
crossing	[ɒ]	betting	[e]	rubbing	[ʌ]	tuning	[juː]
stating	[eɪ]	biting	[aɪ]	tipping	[ɪ]	skating	[eɪ]

C. betting, cutting, digging, dropping, fitting, slimming, winning, sinning, spotting, patting.

Test de sortie

1. b. What is their dog like?
2. a. Dolphins are very intelligent animals.
3. c. That car, is it Linda's?
4. a. Shakespeare's last three plays
5. c. the most interesting book that you can read this year
6. b. Her new album, whose title she hasn't chosen yet, should come out soon.
7. a. Does it really cost four million dollars?
8. b. too much news
9. b. May I speak to you as a friend?
10. d. Your shorts have been washed.
11. d. Il se pourrait qu'il ait eu un accident.
12. d. It's ten p.m., Susan can't be at the office.

13. b. Last month, Joe had to get his car repaired.
14. a. Albert was sure he'd get a good job when he got his degree.
15. b. He has been the head of the company for ten years. He should retire soon.
16. a. I've seen that film before.
17. c. Linda and Josh have been married for ten years.
18. b. They were told that there were no seats left.
19. b. The boss told his secretary to leave the room.
20. a. The firemen made everybody go out at once.

Faites votre total et retournez à la page 177 pour voir l'appréciation de votre score.

Index

Les numéros renvoient aux fiches.